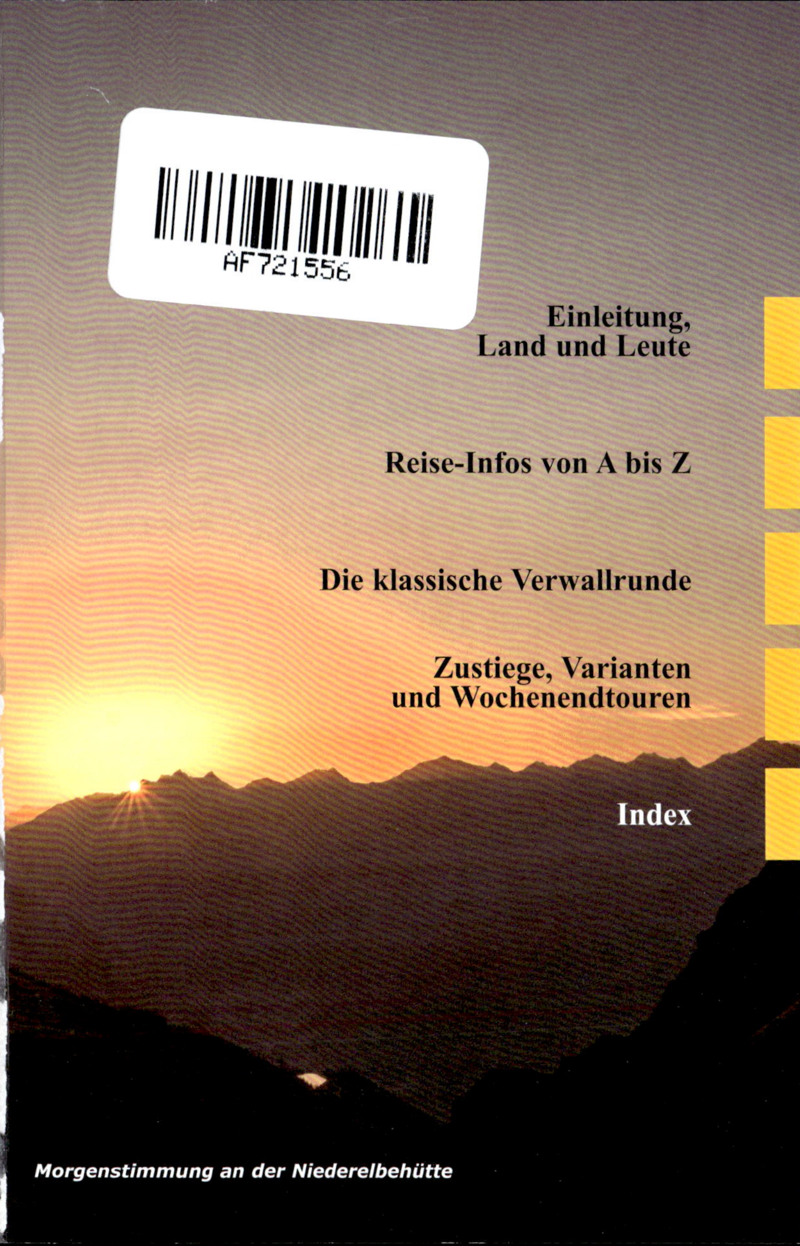

Morgenstimmung an der Niederelbehütte

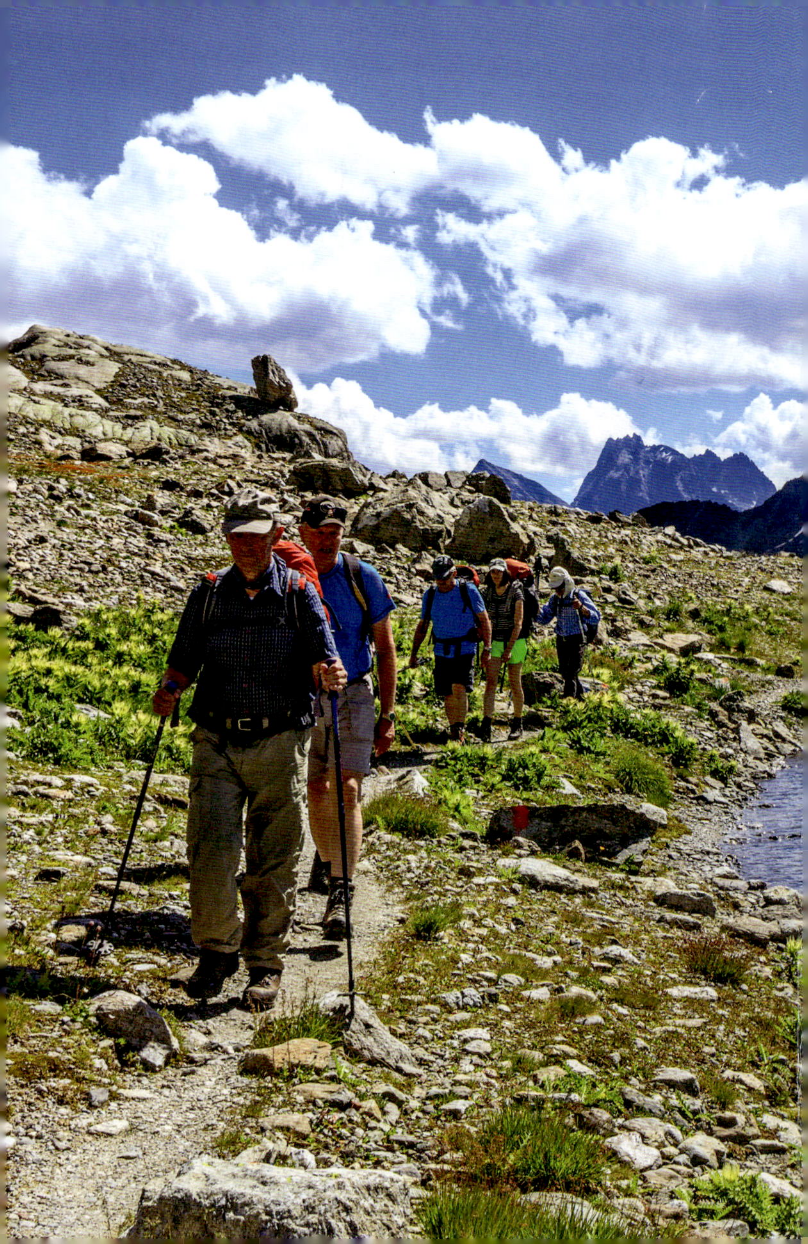

Band 400

OutdoorHandbuch

Janina und Markus Meier

Verwallrunde

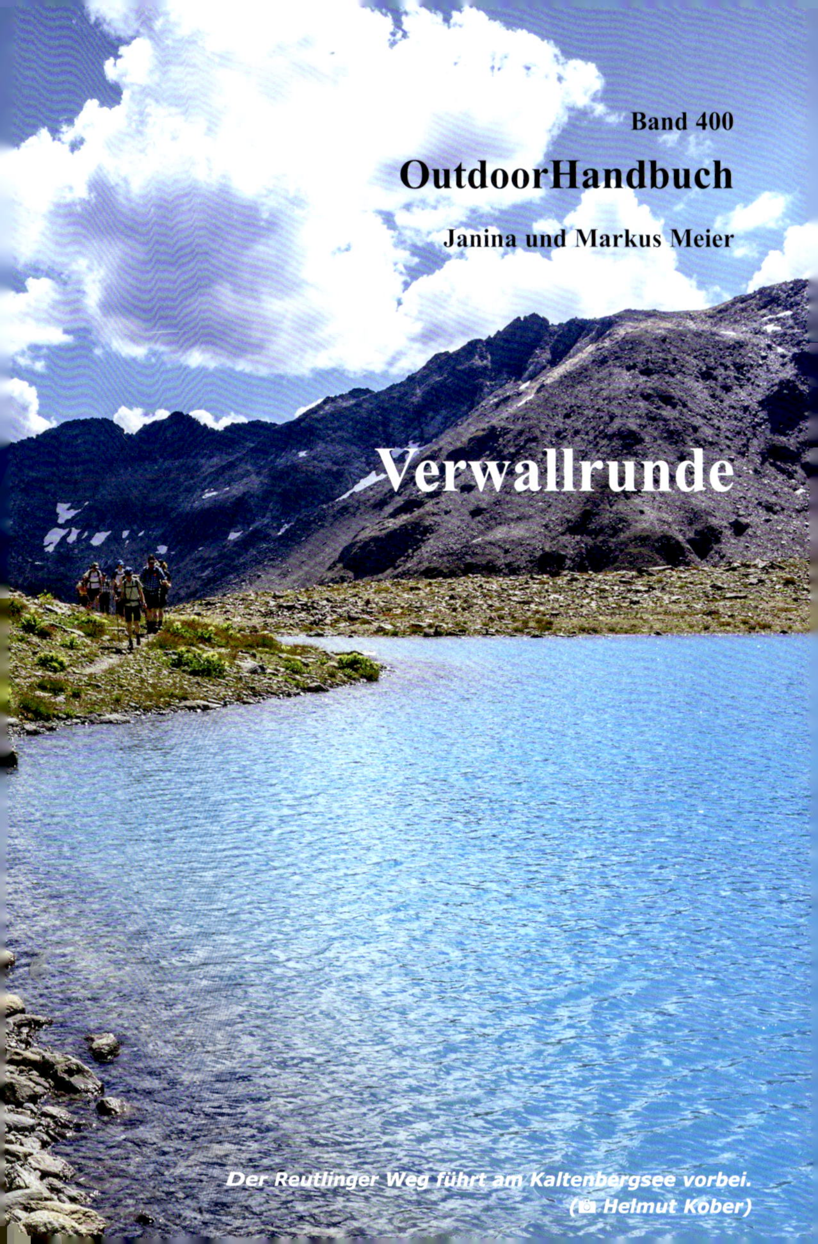

Der Reutlinger Weg führt am Kaltenbergsee vorbei. (📷 Helmut Kober)

Verwallrunde

Die Autoren und der Verlag sind für Lesertipps und Verbesserungen (besonders per E-Mail) unter Angabe der Auflagen- und Seitennummer dankbar.

Dieses OutdoorHandbuch hat 127 Seiten mit 48 farbigen Abbildungen sowie 19 farbigen Kartenskizzen im Maßstab 1:60.000, 41 farbigen Höhenprofilen und einer farbigen, ausklappbaren Übersichtskarte. Es wurde auf chlorfrei gebleichtem, FSC®-zertifiziertem Papier gedruckt, in Deutschland klimaneutral hergestellt und transportiert und wegen der größeren Strapazierfähigkeit mit PUR-Kleber gebunden.

FSC
www.fsc.org
MIX
Papier aus verantwortungsvollen Quellen
FSC® C009051

ClimatePartner
klimaneutral
Druckprodukt | ID 10951-1804-1010

Dieses Buch ist im Buchhandel und in Outdoor-Läden erhältlich und kann im Internet oder direkt beim Verlag bestellt werden.

OutdoorHandbuch aus der Reihe „Der Weg ist das Ziel“, Band 400

ISBN 978-3-86686-528-0 1. Auflage 2018

Text: Markus und Janina Meier
Fotos: Markus und Janina Meier (sofern nicht anders gekennzeichnet)
Karten: Manuela Dastig
Lektorat: Anna-Lena Ebner
Layout: Amrei Risse

Gesamtherstellung: gutenberg beuys feindruckerei

Dieses OutdoorHandbuch wurde konzipiert und redaktionell erstellt vom:

Conrad Stein Verlag GmbH, Kiefernstr. 6, 59514 Welver,
☏ 023 84/96 39 12, FAX 023 84/96 39 13,
info@conrad-stein-verlag.de,
www.conrad-stein-verlag.de

Besuchen Sie uns bei Facebook & Instagram:

www.facebook.com/outdoorverlag

www.instagram.com/outdoorverlag

Titelfoto: Kurz vor der Darmstädter Hütte, im Herzen des Verwalls

Inhalt

Einleitung

Verwall? Auf den ersten Blick ist die Gebirgsgruppe nur Gebietskennern oder vielleicht den Arlberg-Skifahrern im Winter ein Begriff, gibt es doch in direkter Nachbarschaft mit den Lechtaler Alpen, Ötztaler Alpen oder der Silvretta deutlich bekanntere Gebirgsgruppen. Aber genau das ist der Reiz dieses Gebirges – es ist noch eine verhältnismäßig ruhige Ecke in den teilweise schon sehr überlaufenen Ostalpen. Wir waren zum Beispiel an einem traumhaften Tag im September am Hoppe-Seyler-Weg unterwegs und trafen erst am Ende unserer Tour bei der Darmstädter Hütte auf Wanderer. Und selbst am Vortag zwischen Edmund-Graf-Hütte und Niederelbehütte war außer uns nur noch ein weiteres Pärchen unterwegs. Natürlich gibt es auch im Verwall gerade an Wochenenden volle Hütten. Trotzdem, wer Einsamkeit in großartiger Landschaft mitten zwischen beeindruckenden Gipfeln sucht, ist hier richtig. Denn in Summe ist die Verwallrunde eine verhältnismäßig ruhige Hüttenwanderung.

Verdient hat das Gebirge eigentlich deutlich mehr Aufmerksamkeit – landschaftlich ist es nämlich wirklich großartig. Auf den ersten Blick erscheint das Verwall, das übrigens zwischen so bekannten Skiorten wie St. Anton am Arlberg und Ischgl liegt, wild und abweisend. Viele Gipfel wie die Kuchenspitze und der Patteriol sind nur auf schwierigen Bergfahrten zu erreichen und dementsprechend einsam und selten begangen.

Als Wandergebiet ist das Verwall allerdings trotzdem ein traumhaftes Paradies. Es verfügt über viele tief eingeschnittene Täler, die über Einschartungen miteinander verbunden sind. Hierüber verlaufen spektakuläre Wanderwege, die von den Alpenvereinssektionen liebevoll gepflegt werden. Und wenn die Blumen blühen, ist der Gegensatz von dunklen Felswänden, abweisenden Graten und Gipfeln zu steilen, grünen Wiesen mit den bunten Tupfen der Bergblumen einfach faszinierend.

Daher wurde von den hüttenbesitzenden Sektionen im Jahre 2006 die Initiative Verwallrunde gegründet. Die Runde verbindet die einzelnen Hütten im Verwallgebirge zu einer einzigartigen Rundtour. Die klassische Runde dauert acht Tage. Sie kann in beide Richtungen begangen werden, die Gehzeiten der einzelnen Etappen unterscheiden sich dabei kaum. Wir schlagen aus eigener Erfahrung die Begehung von Ost nach West vor, da wir einzelne Etappen in dieser Richtung als etwas angenehmer empfinden. Zudem genießen Sie dann einen schönen Abschluss auf der Kaltenberghütte mit hoffentlich traumhaftem Sonnenuntergang.

Entscheiden Sie sich für die beiden schweren Varianten Hoppe-Seyler-Weg und Ludwig-Dürr-Weg, so können wir die Begehung dieser beiden Varianten ausschließlich von Ost nach West empfehlen.

Dabei sind wir schon beim Stichwort gelandet. Wir beschreiben in diesem Buch neben der Hauptroute auch die verschiedenen, wunderbaren Varianten zur Runde. Dazu gehören neben den bereits erwähnten schwierigen Bergtouren auch einfachere Alternativen zwischen einzelnen Hütten, aber auch die Zugänge aus dem Paznauntal zur Neuen Heilbronner Hütte und der Zugang aus dem Montafon über den grandiosen, aber anspruchsvollen Wormser Höhenweg.

Wir wünschen allen Verwallwanderern erlebnisreiche, sonnige und unfallfreie Tage in einem der schönsten Wanderreviere in den Ostalpen.

Danke

Wir bedanken uns bei den Sektionen für ihre Unterstützung und das Vertrauen in unsere Arbeit. Ein großer Dank gilt vor allem dem Ehrenvorsitzenden der Sektion Reutlingen, Helmut Kober. Er stand uns während des gesamten Buchprojektes unterstützend zur Seite.

Ebenfalls ein großes Dankeschön an Sebastian Friedlein für die Unterstützung bei der Recherche. Auch für die herzliche Aufnahme der Hüttenwirte, die uns immer das Gefühl gaben, willkommen zu sein, möchten wir uns bedanken.

Land und Leute

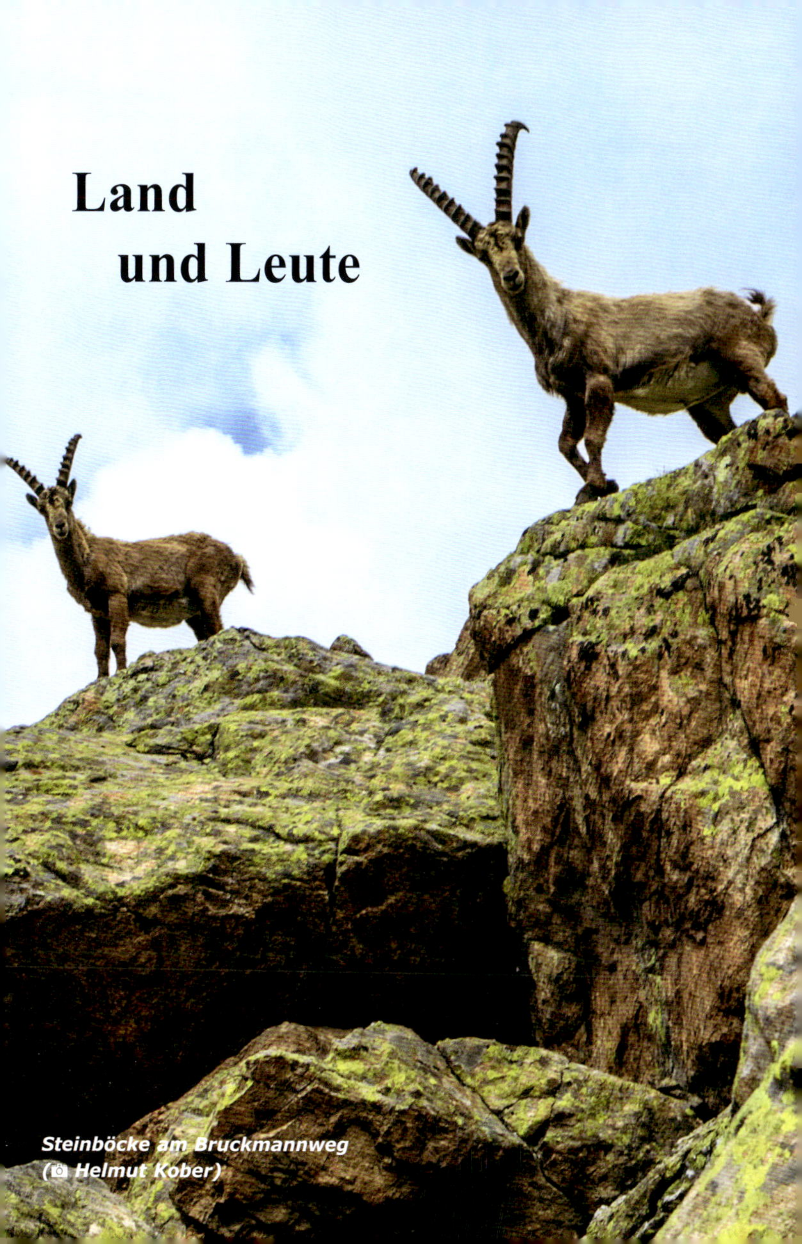

Steinböcke am Bruckmannweg
(📷 Helmut Kober)

Der Name Verwall, die Schreibweise Ferwall hat sich nicht durchgesetzt, geht auf das romanische *val bel* zurück, was „schönes Tal" bedeutet. Die Verwallgruppe hat eine Fläche von 500 km² und liegt zwischen Bludenz und Innsbruck. Die Grenzen sind das Paznauntal und das Stanzertal in Tirol sowie das Montafon und das Klostertal in Vorarlberg.

Das Stanzertal begrenzt im Norden die Verwallgruppe von der Tiroler Seite her. Oben am Arlbergpass verläuft die Grenze zwischen Tirol und Vorarlberg. Flächenmäßig der größte Ort im Tal ist St. Anton am Arlberg. Mit 165 km² ist die Gemeindefläche sogar größer als die Fläche des Fürstentums Liechtenstein. Spannend an St. Anton ist, dass es seit seiner Gründung bereits den fünften Ortsnamen trägt. Ursprünglich als „Vallis taberna" gegründet wurde der Ort von 1275 bis 1805 als Stanzertal bezeichnet. Bereits aus dem Jahr 1270 findet sich eine erste urkundliche Erwähnung der „Arlberger". 1386 baute Heinrich Findelkind das erste Hospiz auf der Arlberg-Passhöhe. In den Jahren ab 1805 folgte kurz die Gemeindebezeichnung St. Jakob (bis 1811), ehe der Name dann in Nasserein, nach dem alten Ortsteil benannt, geändert wurde. 1824 wurde der Bau der Arlberg-Passstraße fertiggestellt und 1880 begannen die Bauarbeiten am Arlberg-Eisenbahntunnel, der nur vier Jahre später eingeweiht wurde.

Aufgrund der Umfahrung der Ortsteile St. Jakob und Nasserein auf der neuen Landstraße stieg die Bedeutung des Ortsteiles St. Anton. Für die Eisenbahnhaltestelle stand bereits der Name „St. Anton am Arlberg" fest. Es dauerte aber bis 1927, bis die gesamte Gemeinde in St. Anton am Arlberg umbenannt wurde.

Der Name Arlberg lässt sich weit zurückverfolgen. Erste Erwähnungen reichen bis in das Jahre 1218 zurück. Der Begriff Arle führt auf *Latsche* zurück, womit ein Waldstück gemeint war. Auch die Burg Arlen hat ihren Namen hierher.

1375 kam Heinrich Findelkind begleitet von zwei Priestern auf die Burg. Der zwölfjährige Junge blieb zehn Jahre bei seinem Herrn auf der Burg. Dabei erlebte er viele Tote, die im tiefen Schnee des Arlbergs ums Leben kamen. Daher entschloss er sich, auf dem Arlberg eine Unterkunft zu bauen. Nach der Erlaubnis durch den Herzog begann er 1386 mit dem Bau der Herberge. Er konnte damit bereits im ersten Winter sieben Menschen das Leben retten. Zeitgleich erhielt er vom Papst die Erlaubnis zur Gründung der Bruderschaft St. Christoph. Bereits im Jahre 1415 hatte die Bruderschaft 2.000 Mitglieder. In St. Christoph am Arlberg endet die letzte Etappe der Verwallrunde.

Auftrieb erhielt das Tal durch den Bau der Arlberg-Bahnstrecke mit dem Arlberg-Tunnel, die am 20. September 1884 ihren Betrieb aufnahm.

1897 eröffnete der Gastwirt Carl Schuler das erste Hotel in St. Anton, das dem Namen Hotel Post trug. Der Skiclub Arlberg wurde 1901 im Hospiz St. Christoph gegründet. Ab 1907 boten neben dem Hotel Post auch weitere Häuser Zimmer für Touristen an. Der Erste Weltkrieg stoppte die Entwicklung kurzzeitig. 1922 wurde in St. Anton dann die erste Skischule gegründet. Bereits 1934 erhöhte sich die Bettenzahl auf über 1.000. Die erste Seilbahnerschließung erfolgte 1937 durch den Bau der Bahn auf den Galzig. Während des Zweiten Weltkrieges war St. Anton Ziel für Fronturlauber. Nach dem Krieg wurde die Seilbahnerschließung mit den Bauten an der St. Christoph-, Valluga-, Gampen- und Kapallbahn fortgesetzt. Später kam noch die Rendlbahn im Moostal dazu. Durch den Bau des Arlberg-Straßentunnels 1978 wurde St. Anton vom Durchgangsverkehr entlastet. Heute ist St. Anton am Arlberg einer der berühmtesten Skiorte Österreichs. Verstärkt wurde diese Entwicklung noch durch die Alpine Ski WM 2001. Im Gegensatz dazu wirkt der Ort im Sommer fast schon entspannt und ruhig.

Von Vorarlberger Seite wird das Verwall im Norden vom Klostertal begrenzt. Die Geschichte des Klostertals ist relativ überschaubar. Durch das Tal zogen immer wieder verschiedene Heere, um über den Arlberg nach Tirol zu gelangen.

Wunderschön thront die Kaltenberghütte über dem Klostertal. (📷 Helmut Kober)

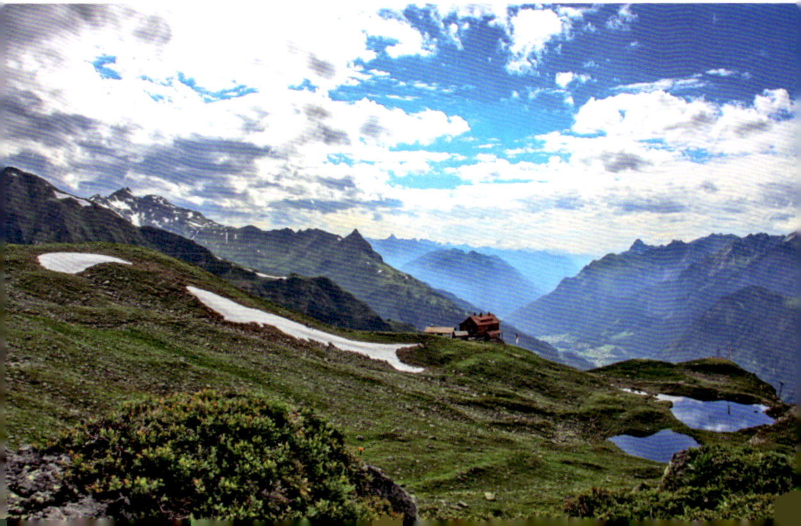

Der Name des Tals geht auf das ehemalige Hospiz Klösterle zurück. Bald nach der Gründung nannte man das gesamte Tal Klostertal.

Lange Zeit war das Tal auch verkehrstechnisch von keiner großen Bedeutung, was sich erst durch den Bau der Arlberg-Bahnstrecke änderte. Durch diese nahm im Laufe der Zeit das Verkehrsaufkommen im Tal deutlich zu. Heute ist das Tal eine wichtige Verbindung zwischen Vorarlberg und Tirol und damit von Vorarlberg in das restliche Österreich.

Herbergen gab es im Tal schon lange. Durch den nicht ganz einfachen Übergang über den Arlberg waren die Reisenden gezwungen, im Klostertal zu übernachten. Hier führte der Bau der Arlberg-Bahnstrecke allerdings zu einer negativen Entwicklung, denn die Reisenden konnten nun bei geschickter Planung ohne Übernachtung den Pass überqueren. Mit der Zeit entdeckten die Touristen dann das schöne Tal für sich. Bald schon begann der Alpenverein mit dem Bau von Hütten. Die Entwicklung des Skifahrens am Arlberg half auch dem Klostertal in seiner touristischen Entwicklung.

Im Süden schließt das Paznauntal auf Tiroler Seite an das Verwall an. Die Besiedelung des oberen Tals geschah vermutlich im 9. Jahrhundert vom Engadin aus. Das Tal gehörte lange Zeit zum Unterengadin bzw. zum Vinschgau. Bis in das 16. Jahrhundert zählten Ischgl und Galtür kirchlich zum Unterengadin. Das untere Tal wurde vermutlich von Serfaus und Fiss aus besiedelt, die zum Herzogtum Bayern gehörten. Eine Besonderheit für das Tal ist, dass hier an die 60 Kapellen in den einzelnen Orten stehen.

Im Paznauntal dominiert heute der Tourismus. Vor allem Ischgl wurde zum Zentrum des Tourismus – und das besonders im Winter. Traurige Berühmtheit erhielt das Tal durch die Lawinenkatastrophe von Galtür. Nach starken Schneefällen im Februar 1999 kamen hier 38 Menschen ums Leben. Die steilen Hänge und Gräben führen häufig zu Naturgefahren, nicht nur Lawinen, auch Murenabgänge sind zu beobachten.

Vom Montafon ist das Paznauntal durch die Bielerhöhe getrennt. Über diese Passhöhe führt die mautpflichtige Silvretta-Hochalpenstraße.

Das Montafon begrenzt das Verwall auf Vorarlberger Seite im Süden. Es reicht von Bludenz bis zur Bielerhöhe. Das Montafon wurde wohl schon vor über 5.000 Jahren besiedelt, was Ausgrabungen zeigten. Die ursprüngliche Besiedelung erfolgte aus dem Walgau und von Graubünden. Der Name Montafon hat seinen Ursprung im Rätoromanischen. Die Sprache wurde bis ins 15. Jahrhundert hier gesprochen. Lange Zeit war unklar, ob man das Tal Montafon oder Montavon schreibt, und dieser Streit wurde erst 1957 beigelegt. Besonders charakteristisch für das Montafon sind die Maisäßlandschaften. Dabei handelt es sich um gerodete Alpflächen mit Hütten und Ställen. So befindet sich auf jedem Maisäß ein kleines Haus oder eine kleine Hütte. Auch hier dominiert inzwischen als wichtigste Erwerbsquelle der Tourismus. Man findet im Winter herrliche Skigebiete, die Region konzentriert sich aber nicht nur auf den Wintersport. Über 1.130 km markierte Wanderwege zeigen, dass man sich im Montafon auch dem Sommertourismus widmet.

Geografie und Geologie

Die Alpen entstanden vor 95 Millionen Jahren mit dem Beginn der Alpenfaltung. Vor 28 Millionen Jahren setzte der Hebungsprozess der Alpen ein. Ursprünglich waren die Alpen einmal Meeresboden, sodass die Schichten, die man heute beobachten kann, im Prinzip aus Sedimenten bestehen, die im Erdzeitalter Mesozoikum am Meeresboden abgelagert worden waren. Diese Sedimente wurden gerade in den Zentralalpen bereits von Erosion abgetragen, sodass das ursprüngliche kristalline Gestein wieder zum Vorschein kam. Die heutige Gestalt der Alpen geht auf die pleistozänen Eiszeiten zurück, in denen die großen Alpengletscher

Schöner Blick über die Vordere Malfonalpe auf die Lechtaler Alpen

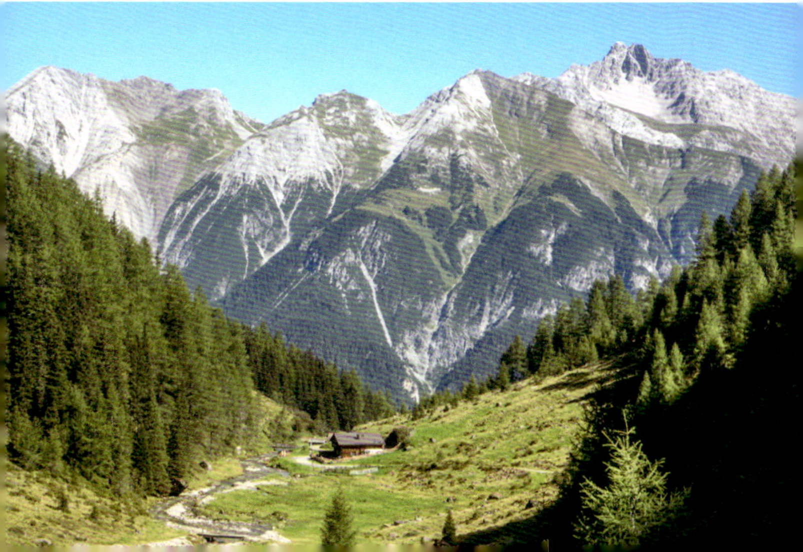

die breiten u-förmigen Täler ausbildeten. Ein plakatives Beispiel dafür ist das weite Inntal, an dessen Ende sich der Arlbergpass befindet.

Die Verwallgruppe zählt zu den Ostalpen. Diese gliedern sich in die nördlichen Vor- und Kalkalpen, die Zentralalpen und die südlichen Kalk- und Voralpen. Nördlich der Alpen schließt sich das Alpenvorland an. Südlich davon liegt die oberitalienische Tiefebene. Das Verwall dagegen liegt in den Zentralalpen und bildet einen eigenen Gebirgsstock. Hier findet man überwiegend Gneise des Silvretta-Kristallins. Nur im nördlichen Teil gibt es einzelne Kalkbereiche. Selten treten daneben Glimmerschiefer auf. Das heutige Aussehen der Berge im Verwall wird besonders durch die Gletscher, Kare und Karseen bestimmt. Die Gletscher sind allerdings stark im Zurückweichen. Sie formten einst die Trogtäler, durch die manche Abschnitte der Verwallrunde verlaufen.

Gipfel und Aussichtspunkte gibt es mit über 220 Höhenpunkten jede Menge. Acht 3.000er kann das Verwall aufweisen, wovon der Hohe Riffler, der im Rahmen der Verwallrunde zumindest bis zum Vorgipfel besucht werden kann, mit 3.168 m der höchste ist. Die Kuchenspitze mit 3.148 m und die Küchelspitze mit 3.147 m folgen danach. Der Scheibler, dem Sie ebenfalls bei einer Tour einen Besuch abstatten können, ist mit 2.978 m der zweithöchste 2.000er im Verwall, nur übertroffen von der Faltlarspitze mit 2.986 m. Auf die Faltlarspitze führt eine Route im Schwierigkeitsgrad II von der Kieler Wetterhütte aus.

Klima

Das Verwall liegt wie gesamt Mitteleuropa in der gemäßigten Klimazone im Bereich der Westwindzone. Diese Bezeichnung weist zum einen darauf hin, dass die vorherrschende Windrichtung und damit auch das Wetter aus Westen kommen. Zum anderen bedeutet gemäßigt, dass das gesamte Jahr hindurch Niederschläge in ausreichendem Maß fallen und dieser Region eine wunderschöne grüne Vegetation bescheren. Die Hauptniederschläge fallen im Sommer, dafür ist der Herbst eher trocken und punktet mit recht stabilen Wetterverhältnissen. Die Jahreszeiten sind zwar deutlich zu spüren, aber gerade in den Bergen genießen Sie im Sommer eher angenehme Temperaturen. Von Westen kommende Wetterereignisse stauen sich gerne hier und so kann es zu intensiven Niederschlägen kommen – das sind im Verwall im Jahresmittel zwischen 1.500 und 1.800 mm. Im Vergleich dazu liegt der Jahresdurchschnitt in München bei 900 mm. Vorarlberg ist die Region mit den höchsten Niederschlagsmengen in Österreich. Das dem Verwall benachbarte Lechquellengebirge ist mit 2.700 mm im Jahr der absolute

Spitzenreiter unter Vorarlbergs Gebirgsgruppen. Ein besonderes Wetterphänomen ist der Föhn, der dem Bergwanderer zu traumhaften Wanderbedingungen unter blauem Himmel verhilft. Wenn sich Föhn ankündigt, ziehen dicke Wolken mit schlechtem Wetter von Süden in Richtung Norden. Spätestens am Alpenhauptkamm gibt es kein Vorwärts mehr und die Wolken bleiben hängen. Da der Wind aber weiterhin Wolken von Süden her nachliefert, bleibt ihnen gar nichts anderes übrig, als am Hauptkamm nach oben zu steigen, um endlich einen Weg nach Norden zu finden. Da das Aufsteigen auch für Wolken mühsam ist, müssen sie erst leichter werden, weshalb es am Hauptkamm wie aus Eimern schüttet. Haben die Wolken die Gipfel erreicht, gibt es endlich freie Fahrt nach Norden. Jetzt sind die Wolken leichter und transportieren weniger Feuchte. Außerdem kommt noch ein phänomenaler Effekt ins Spiel: Luft erwärmt sich schneller beim Abstieg, als sie sich beim Aufstieg abkühlt. Deshalb spürt der Wanderer im Norden jetzt einen warmen Fallwind von Süd nach Nord. Diese Wetterlage sorgt vor allem im Herbst für beste Wanderverhältnisse, warme Temperaturen und gute Fernsicht.

Die tiefen Einschnitte und das anspruchsvolle Gelände im Verwall führen allerdings zu einer recht kurzen Wandersaison, die erst Ende Juni startet und bereits Mitte September wieder endet. Oft stellen sich dem Wanderer auf den Wegen über ein Joch gefährliche Schneefelder in den Weg. Dann heißt es entweder

Schnee und Blockwerk am Wannenjöchli (📷 Helmut Kober)

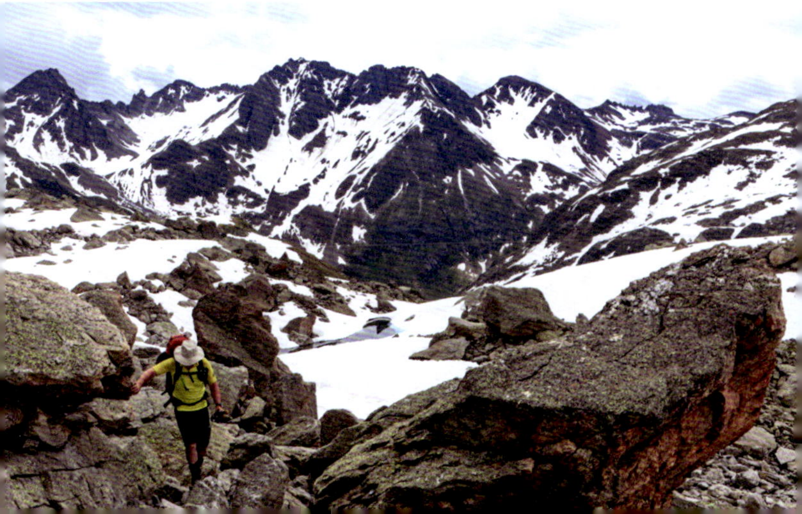

umkehren oder diese äußerst vorsichtig zu durchqueren, wobei ein Eispickel als Absturzsicherung hilfreich sein kann. Dazu sollte der Umgang damit allerdings geübt sein. Eine sorgfältige Planung hilft Ihnen, solche unangenehmen Überraschungen zu vermeiden.

Flora und Fauna

Die Vegetation im Verwall besteht aus drei Stufen. Bis 2.400 m regiert die Krummholzzone mit Latsche, Grünerle, Alpenrose und Wachholder. Darüber kommt die Region der alpinen Matten mit Krummseggenrasen und Schneeböden. Diese reicht bis 2.800 m. Oberhalb davon gibt es die nivale Stufe mit Polsterpflanzen, Moosen und Flechten.

Bei den Tieren finden Sie im Verwall unter anderem Gämse, Steinböcke, Murmeltiere, Steinadler, Alpensalamander und Schneehühner. Nicht jedes Tier werden Sie auf Ihrer Runde durch das Verwall erblicken. Gelingt es trotzdem, so verhalten Sie sich besser ruhig und erschrecken die Tiere nicht.

Auf der einen Seite handelt es sich beim Verwall um ein ruhiges Gebirge. Es gibt aber auch Ecken, in die der Mensch eingegriffen hat. Gerade die Liftanlagen in den Randbereichen des Gebirges veränderten diese Gebiete sehr: im Norden im Bereich Albona und Rendl Lifte für den Skizirkus vom Arlberg, im Süden die Diasbahnen bei Kappl und im Westen die Hochjoch-Bahnen bei der Wormser Hütte. Auch an anderer Stelle wurde in die Natur des Gebirges eingegriffen. Besonders deutlich wird dies, wenn Sie von der Niederelbehütte über den Sepp-Jöchler-Weg zur Darmstädter Hütte wandern. Am Beginn des Gegenanstiegs zur Darmstädter Hütte gelangen Sie nämlich zum Kartell-Stausee, der sich mitten im schönen Moostal befindet. Auch im Süden am Zeinisjoch gibt es einen künstlichen Stausee.

Entstehung der Verwallrunde

Die Verwallrunde gibt es nun seit gut zehn Jahren. 2006 rief eine Initiative der DAV-Sektionen Hamburg und Niederelbe, Darmstadt, Friedrichshafen, Heilbronn, Kiel, Konstanz, Worms und Reutlingen mit dem ÖAV-Sektion Touristenklub Innsbruck die Runde ins Leben. Anlässlich der DAV-Hauptversammlung in Berchtesgaden gab man das Ziel aus, das Verwall-Gebirge zwischen Lechtaler Alpen im Norden und Silvretta im Süden aus seinem Dornröschenschlaf zu wecken und bekannter zu machen.

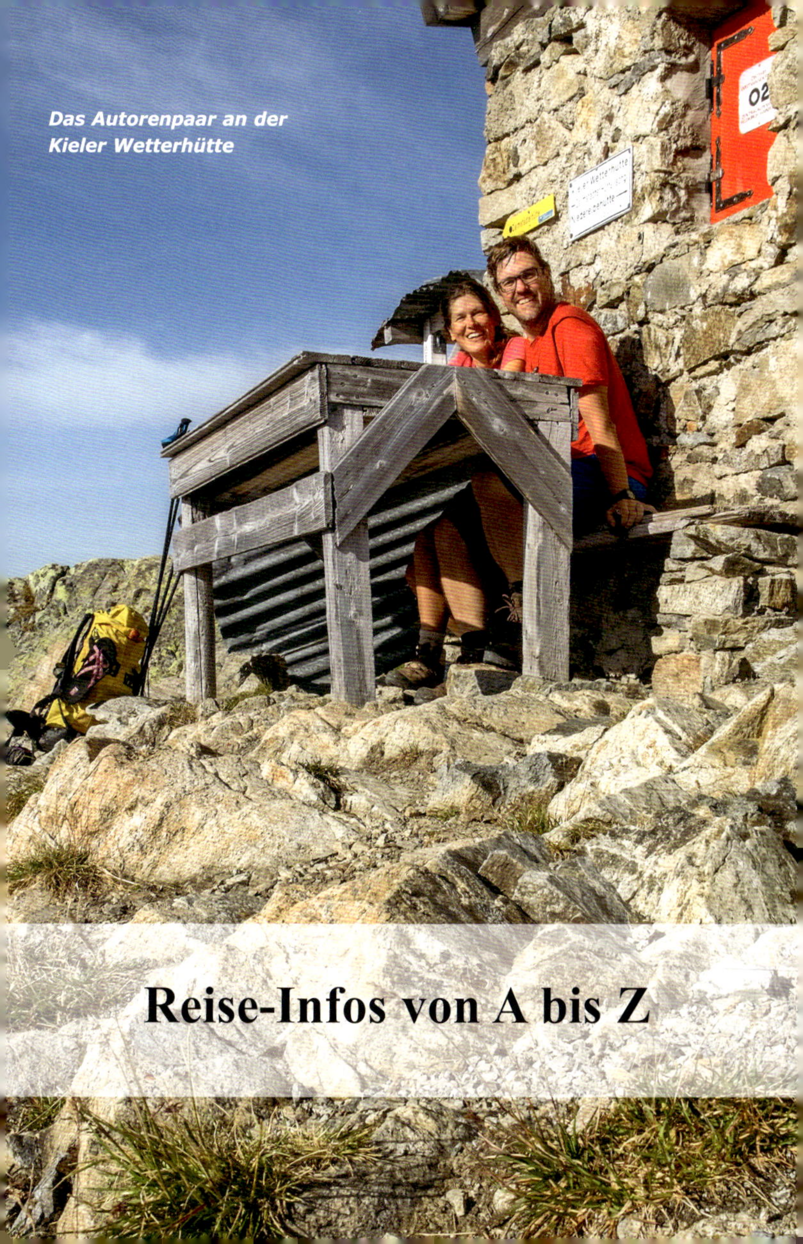

Das Autorenpaar an der Kieler Wetterhütte

Reise-Infos von A bis Z

An- und Abreise

Für die Begehung der Verwallrunde empfiehlt es sich, eine Anreise mit den öffentlichen Verkehrsmitteln zu wählen. Langen am Arlberg und St. Anton am Arlberg sind dank der Arlberg-Bahnstrecke gut mit dem Zug zu erreichen. Natürlich kann die Anreise auch mit dem Auto erfolgen. Nicht nur aus Umweltschutzgründen empfiehlt sich allerdings die Anreise mit der Bahn. An schönen Wochenenden versinken der Arlbergpass und die Arlberg-Schnellstraße regelmäßig im Stau. Gerade in St. Anton „parkt" man dann auf der Hauptstraße. Auch ist eine Rückreise mit der Bahn nach einer wunderbaren Durchquerung des Verwalls viel entspannter als mit dem Auto.

Von den Flughäfen Deutschlands gibt es Verbindungen nach Innsbruck. Für die Weiterreise ins Verwall nutzen Sie dann die öffentlichen Verkehrsmittel. Flüge mit der Lufthansa von Berlin aus kosten beispielsweise rund € 200.

Von Westen fahren Sie mit dem Zug über Langen am Arlberg nach St. Anton am Arlberg und weiter mit dem Bus (Linie 7) nach Pettneu. Die Anfahrt von Stuttgart dauert mit Umsteigen in Lindau und Feldkirch 5 Std. Von Norden bzw. Osten bringt Sie der Zug nach St. Anton am Arlberg und der Bus mit der Linie 7 dann weiter nach Pettneu. Von München erreichen Sie St. Anton mit einmal Umsteigen in Innsbruck in 4 Std. Bei rechtzeitiger Buchung gibt es Zugtickets bereits ab € 39,90. Vom Endpunkt in St. Christoph nehmen Sie dann den Bus zurück nach Pettneu (Linie 92).

St. Anton am Arlberg ist auch an das Fernbusnetz angeschlossen.

Von Westen fahren Sie mit dem Auto über die A96 über Lindau nach Bregenz. Weiter geht es auf der A14 bis Bludenz und über die Arlberg-Schnellstraße nach Pettneu. Am Wanderparkplatz beim Eingang des Malfontals bei Pettneu können Sie kostenlos parken.

Von Norden fahren Sie über den Fernpass oder die A8 und die Inntalautobahn nach Landeck. Weiter gelangen Sie dann über die Arlberg-Schnellstraße nach Pettneu.

Die Rückfahrt von St. Christoph nach Pettneu erfolgt mit dem Bus (Linie 92).

Die lokalen Busfahrpläne erhalten Sie unter:

- Tourismusverband St. Anton am Arlberg, A-6580 St. Anton am Arlberg, ☏ +43 54 46/226 90, info@stantonamarlberg.com, www.stantonamarlberg.com/de/service/fahrplaene

Es ist aber auch möglich, sich in St. Anton ein Taxi zu nehmen und sich zum Parkplatz am Eingang ins Malfontal bringen zu lassen.

Folgende Taxiunternehmen bieten sich in St. Anton am Arlberg an:

- Taxi Harry, ☏ +43 54 46/23 15, www.harry.co.at
- Der Antoner, ☏ +43 54 46/425 55, www.derantoner.at
- Hallo Taxi, +43 664/383 16 70, www.hallo-taxi.at

In Österreich ist die Autobahn mautpflichtig. Dazu sollten Sie sich rechtzeitig vor der Auffahrt auf eine österreichische Autobahn an einer Raststätte eine Vignette kaufen oder Sie bestellen diese bereits zu Hause, zum Beispiel beim ADAC oder der Asfinag.

Seit 2018 bietet die Asfinag eine digitale Vignette an. Sie sparen sich damit den Aufkleber im Auto. Die Vignette kaufen Sie im Webshop unter https://shop.asfinag.at oder über die zugehörige App. Beachten Sie bitte, dass Sie die digitale Vignette frühestens 18 Tage nach Kauf nutzen können. Die 10-Tages-Vignette für Pkw kostet € 9, die 2-Monats-Vignette € 26,20 und die Jahres-Vignette € 87,30. Ob Sie sich für die Kleb-Vignette oder die digitale Version entscheiden, macht preislich keinen Unterschied. Im Webshop können Sie auch die Streckenmaut (Videomaut) bezahlen, wenn Sie beispielsweise über den Arlberg anreisen. Eine Einzelfahrt durch den Arlbergtunnel kostet € 9,50.

In Österreich gelten teils andere Geschwindigkeitsvorgaben als in Deutschland. Nachzulesen ist dies für Ihr Fahrzeug unter www.oeamtc.at/thema/vorschriften-strafen/zulaessige-hoechstgeschwindigkeiten-in-oesterreich-16182124. Für Pkw gilt innerorts 50km/h, außerorts 100 km/h und auf Autobahnen 130 km/h, sofern nicht anders angezeigt. Im Inntal gilt generell das Immissionsschutzgesetz-Luft (IG-L) und damit eine Geschwindigkeitsbeschränkung auf 100 km/h auf der Inntalautobahn. Verstöße gegen IG-L können zu ordentlichen Strafen führen.

Abblendlicht ist bei Dämmerung und Dunkelheit, bei Sichtbehinderung durch Regen, Schneefall, Nebel oder Ähnlichem und im Tunnel vorgeschrieben. Bei erhöhtem Unfallrisiko dürfen Strafen von bis zu € 5.000 erhoben werden.

Das Mitführen von Warnweste, Warndreieck und Verbandszeug ist Pflicht. In Österreich ist es vorgeschrieben, bei Stau oder stockendem Verkehr eine Rettungsgasse zu bilden. Dazu ordnen sich Fahrzeuge auf der linken Spur möglichst weit nach links ein und Fahrzeuge auf der rechten Spur möglichst weit nach rechts. Der Standstreifen soll dabei befahren werden.

Ausrüstung

Um die Verwallrunde vollauf genießen zu können, sollten Sie ein wenig Zeit in die Vorbereitung investieren und überlegen, ob Sie mit Ihrer Ausrüstung viele Stunden am Tag bequem unterwegs sein können. Eine Bergausrüstung mit so wenig Komfort-Gegenständen wie möglich ist ausreichend. Vielleicht hilft dieses spartanische Gepäck sogar bei der Entspannung. Nur auf wichtige Bergutensilien sollten Sie keinesfalls verzichten, besonders wenn Sie sich die schwierigeren Etappen vornehmen.

Der Rucksack sollte gut am Rücken sitzen, ohne Druckstellen zu verursachen. Für eine Mehrtagestour brauchen Sie einen Rucksack mit gutem Tragesystem. Übertreiben Sie es nicht mit dem Volumen und dem Gewicht. 40 bis 45 Liter reichen für alles, was Sie wirklich benötigen.

Lassen Sie sich am besten in einem guten Bergsportgeschäft beraten, denn Tragegestelle, Material etc. sind heute sehr unterschiedlich und Sie sollten sich aus den verschiedenen Modellen ein Fabrikat heraussuchen, das gut zur eigenen Körperform passt. Häufig können Sie sich bei der Kaufberatung Gewichte in den Rucksack legen lassen, sodass Sie vor dem Kauf ein Gefühl dafür bekommen, wie bequem sich der Rucksack tragen lässt, wenn er 10 bis 15 kg schwer ist. Frauen haben oft einen kürzeren Rücken, deshalb sind spezifische Frauenmodelle oft bequemer.

Eine Regenhaube, die manchmal auch schon im Rucksack integriert ist, hält Ihr Gepäck bei Regen trocken. Sollte keine integriert sein, dann besorgen Sie sich noch einen passenden Regenschutz für den Rucksack. Nichts ist unangenehmer, als wenn Sie abends in der Herberge feststellen müssen, dass Ihre Habe feucht geworden ist und Sie nichts Trockenes zum Umziehen haben.

Outdoorbekleidung aus modernen Fasern ist strapazierfähig, leicht und trocknet extrem schnell. Dabei sollten Sie die Kleidung und Wäsche unter genau diesen Aspekten auswählen. Daneben sollte sie noch bequem zu tragen sein. Denken Sie daran, neben einer kurzen auch eine lange Hose einzupacken und auch einen dickeren Pullover, da Sie an einem kälteren Tag sehr dankbar dafür sein werden.

Bei der Bekleidung hat sich das Zwiebelprinzip mit mehreren Schichten bewährt. Die Materialien von Shirts, Hemden und Unterwäsche sind idealerweise aus Kunstfaser oder Merinowolle. Während Kunstfaser die Feuchtigkeit vom Körper weg transportiert, wärmt Merinowolle auch im feuchten Zustand noch. Zudem riecht sie auch nach Tagen nicht unangenehm.

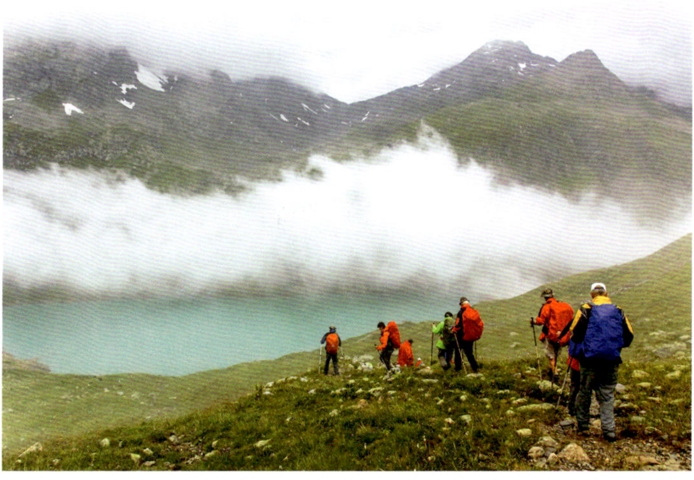

Regenschutz für schlechtes Wetter ist unverzichtbar. (📷 Helmut Kober)

Regenbekleidung ist unverzichtbar. Nichts ist schlimmer, als wenn Sie einen Schauer abbekommen und für den Rest des Tages nasse Kleidung am Leib tragen. Es hat sich gezeigt, dass es sinnvoll ist, eine wasserdichte Goretex-Jacke mitzunehmen. Diese hält warm, schützt vor Wind und reicht bei leichtem Nieselregen völlig aus. Zudem gehören eine Mütze und Handschuhe in den Rucksack – auch im Sommer kann es im Gebirge schneien. Kalter Wind und Regen können den Wanderer empfindlich auskühlen.

Für die Übernachtung in den Hütten benötigen Sie einen Hüttenschlafsack, zudem ist eine Stirnlampe empfehlenswert.

Die Wanderschuhe sollten gut passen, knöchelhoch sein und eine stabile Sohle aufweisen. Abraten müssen wir von Sandalen oder Turnschuhen. Diese sind für Wanderungen auf keinen Fall geeignet. Am besten laufen Sie die Wanderschuhe vor der Verwalldurchquerung ein. Andernfalls haben Sie mit unguten Nebenwirkungen (Blasen) zu rechnen. Denn am wichtigsten ist es, Blasen vorzubeugen; wenn die Füße erst einmal wund sind, wird das Wandervergnügen oft zur Qual. Die wichtigsten Tipps zur Vorbeugung sind, nur eingelaufene Schuhe und möglichst speziell gepolsterte Socken oder Strümpfe ohne Nähte zu tragen. Sinnvoll ist es in jedem Fall – ob Sie zu Blasen neigen oder nicht – vorbeugend ein paar spezielle Blasenpflaster einzupacken. Das Blasenpflaster hält unserer Erfahrung nach am besten, wenn es zusätzlich noch mit Leukoplast festgeklebt und dann mehrere Tage nicht abgenommen wird. Dann kann die Blase schnell verheilen.

Gute Wandersocken haben eine Polsterung an den empfindlichen Stellen, die den Tragekomfort deutlich erhöht. Einige haben auch eine Bezeichnung für rechts/links, die Sie unbedingt beachten sollten.

Wanderstöcke entlasten die Gelenke und stützen vor allem, wenn man Gewicht auf dem Rücken tragen muss. Die Erfahrung zeigt, dass zwei leichte Teleskopstöcke am besten sind. Ihre Länge kann individuell angepasst werden. Sie können diese auch platzsparend am bzw. im Rucksack verstauen.

Weitere wichtige Ausrüstungsgegenstände sind Erste-Hilfe-Material, Biwaksack, Brotzeit und Getränke. Natürlich gehört eine gute Karte in den Rucksack und ein Handy für Notfälle. Zudem sollten Sie Insekten- und Sonnenschutz sowie Toilettenpapier für den Notfall mitnehmen. Denken Sie auch an eine Abfalltüte, dank der Sie keinen Müll in der Landschaft hinterlassen.

Für die schwierige Variante des Ludwig-Dürr-Weges sind ein Steinschlaghelm und Steigeisen notwendig, bei Schneeauflage am Gletscher hilft eventuell ein Eispickel. Für den Übergang sollten Sie unbedingt mit der Nutzung von Steigeisen und Eispickel gut vertraut sein und zudem Erfahrung beim Klettern mit Steigeisen gesammelt haben.

Packliste (inklusive der Dinge, die Sie anziehen):

- ▷ Rucksack mit gutem Tragesystem, 40 bis 45 Liter
- ▷ Regenhülle für den Rucksack
- ▷ Regenjacke aus Goretex
- ▷ Bergschuhe mit rutschfester Profilsohle
- ▷ Wanderhose. Praktisch ist eine Hose mit aufgesetzter Beintasche, dann haben Sie die Wanderkarte und den Wanderführer immer griffbereit.
- ▷ eine leichte Ersatzhose
- ▷ Wanderhemd und/oder -shirt, je nach Temperaturen/Jahreszeit lang- oder kurzärmelig
- ▷ ein bis zwei Shirts
- ▷ Fleecepullover
- ▷ Unterwäsche
- ▷ zwei bis drei Paar Wandersocken
- ▷ Mütze, Handschuhe, Sonnenschutz
- ▷ Wanderstöcke
- ▷ Hüttenschlafsack und -schuhe
- ▷ Geld (auf Hütten meistens notwendig), EC- und Kreditkarte, Ausweis, Fahrkarten. Überflüssige Karten lassen Sie zu Hause.
- ▷ Wanderkarten, dieser Wanderführer
- ▷ Taschenmesser
- ▷ Erste-Hilfe-Paket (☞ siehe Abschnitt „Erste Hilfe“)
- ▷ Zahnbürste und -creme
- ▷ Handtuch, Waschlappen
- ▷ Stirnlampe
- ▷ Kompass, besser auch GPS-Gerät
- ▷ Fotoapparat (inkl. Ladegerät, zweitem Akku und Speicherkarten)
- ▷ Sonnenbrille
- ▷ Handy und Ladegerät
- ▷ Verpflegung für die Anfahrt, evtl. auch für unterwegs
- ▷ Wasserflasche (mind. 2 Liter) oder Getränkesack
- ▷ Ohrstöpsel für den guten Schlaf im Lager
- ▷ Insektenschutz
- ▷ Toilettenpapier
- ▷ Mülltüte

Diplomatische Vertretungen

(D) Botschaft der Bundesrepublik Deutschland, Gauermanngasse 2-4, 1010 Wien, ☏ +43 711/540, Notruf ☏ +43 664 80/15 45 00, ✉ info@wien.diplo.de, 💻 www.wien.diplo.de

(CH) Botschaft der Schweiz, Prinz-Eugen-Str. 9a, 1030 Wien, ☏ +43 17 95 05, 💻 www.eda.admin.ch/wien

Einkaufen

Vor dem Start der Wanderung können Sie sich noch lokal mit Proviant versorgen. In St. Anton gibt es eine Reihe von Supermärkten. Besonders lecker sind die getrockneten Würste vom Hirschen oder aber der typische Tiroler Käse. Sie können sich auch unterwegs auf den Hütten Proviant kaufen.

Essen und Trinken

Viele Hütten bieten Halbpension an, bei der Sie neben dem Frühstück ein Abendessen mit zwei bzw. drei Gängen erhalten. Dies ist meistens günstiger, als wenn Sie sich die Gerichte einzeln zusammenstellen.

Auf jeder Alpenvereinshütte gibt es ein Bergsteigeressen, das verhältnismäßig günstig ist. Auch ein Bergsteigergetränk wird für Mitglieder des Alpenvereins angeboten. Dabei handelt es sich meistens um Sirup, der mit Wasser vermischt wurde. Oft nehmen Sie sich das Frühstück vom Buffet, das mit allem aufwartet, was das Herz begehrt. Lokaler Käse und Wurst, Brot, Müsli, Milch und Joghurt, süße Brotaufstriche, Säfte und Wasser, Kaffee und Tee. Hier dürfen Sie essen, so viel Sie möchten. Nur mitnehmen ist nicht erlaubt. Ein ausgiebiges Frühstück hält aber lange satt, sodass Sie trotz der Anstrengung erst spät am Tag wieder Hunger bekommen.

Ansonsten ist eine Hüttenübernachtung nicht ganz billig. Sie sollten aber bedenken, dass die Hütten mühsam vom Tal aus versorgt werden müssen. Für eine Übernachtung mit Halbpension zahlen Sie als Alpenvereinsmitglied zwischen € 35 und € 40. Der Preis für Nichtmitglieder beginnt ab € 45. Bei der Küche auf den Hütten handelt es sich um eine bodenständige Tiroler bzw. Vorarlberger Küche. Als Getränk können Sie sich neben alkoholfreien Getränken auch ein Bier oder ein Glas Wein gönnen. Sie sollten es aber nicht übertreiben, da am nächsten Tag wieder eine lange Wanderetappe ansteht.

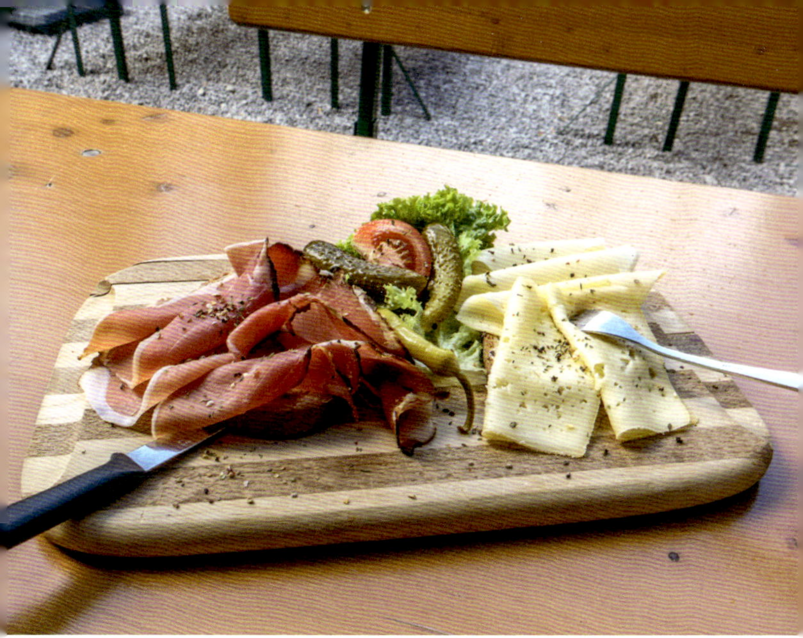

Brotzeit an der Konstanzer Hütte

Proviant für unterwegs bringen Sie entweder kostengünstig und schwer von zu Hause bzw. aus dem Tal mit oder kaufen sich etwas auf den Hütten. Getränke füllen Sie auf den Hütten auf. Oft ist ein Liter heißes Wasser besonders für Alpenvereinsmitglieder recht günstig und wenn Sie eigene Teebeutel dabeihaben, sind Sie bestens gerüstet.

Da Sie an keiner Stelle ins Tal absteigen, gibt es auch keine Möglichkeit, etwas außerhalb der Hütten einzukaufen.

Erste Hilfe

Jeder Wanderer sollte in der Lage sein, einfache Verletzungen selbst zu versorgen. Zu einer eigenen Ausstattung sollten Pflaster, spezielles Blasenpflaster, Leukotape, Rettungsdecke, Nagelschere, Desinfektionsmittel, infektionshemmende Salbe und Verbandsmaterial gehören. Ebenfalls sollten Sie mögliche persönliche Medikamente nicht vergessen. Häufig gibt es im Fahrradhandel oder im Sportgeschäft kleine Beutel, in denen Sie das Wichtigste für die Erste Hilfe schon gut sortiert vorfinden.

Die Notrufnummer ☏ 112 sollten Sie auf jeden Fall im Kopf haben. Wir finden es sehr ratsam, ein Mobilfunktelefon mit dabeizuhaben, um im Fall der Fälle schnell Hilfe rufen zu können.

Im Notfall heißt es Ruhe bewahren und an die fünf „Ws“ denken:

- ▷ Wo geschah der Notfall?
- ▷ Was passierte?
- ▷ Wie viele Personen sind betroffen?
- ▷ Welche Art von Notfall liegt vor?
- ▷ Warten auf Rückfragen!

Wichtig ist auch, dass Sie genügend zu trinken dabeihaben. Zwei Liter sollten Sie tagsüber auf jeden Fall trinken. Zu wenig Flüssigkeit kann schnell zu Leistungsabfall bzw. zu Kreislaufschwierigkeiten führen.

Finisher T-Shirt

Der Flyer der Verwallrunde, der auf allen Hütten ausliegt, ist gleichzeitig die Stempelkarte. Wenn Sie sechs Hüttenübernachtung mit Hüttenstempel nachweisen – dabei können Sie die Runde auf 3 Touren verteilen –, erhalten Sie ein Finisher T-Shirt zugesandt.

Fundsachen

Finden Sie Gegenstände, dann nehmen Sie diese bitte zur nächsten Hütte mit. Sollten Sie selbst etwas Wichtiges verloren haben, so kontaktieren Sie die Hütten im Umfeld der Tour, auf der es verloren ging.

Gehzeiten

In flachem Gelände legt man in 1 Std. 4 km zurück, während man bei direktem Anstieg pro Stunde 400 Höhenmeter hinaufsteigt. Die angegebenen Gehzeiten entsprechen diesen Grundwerten. Allerdings hängen diese Werte stark von Ihrer Kondition und dem mitgeschleppten Gepäck ab. Sie sollten sich nicht wundern, wenn Sie ab dem dritten Tag plötzlich etwas langsamer unterwegs sind.

Bei den Touren sind Gehzeiten, zurückzulegende Höhenmeter und Wegstrecken angegeben.

Geld

Auf den meisten Hütten wird nur Bargeld akzeptiert. Daher sollten Sie ausreichend mitnehmen. Im Zweifel die Bezahlung im Vorfeld mit dem Hüttenwirt bei der Reservierung abklären. Auf der Niederelbehütte war beispielsweise 2017 eine Bezahlung mit EC-Karte möglich.

GPS

Die GPS-Tracks zu den in diesem Buch beschriebenen Wanderungen können Sie auf der Seite des Verlags (💻 www.conrad-stein-verlag.de) herunterladen. Mit einem Programm wie Winzip können Sie die Datei ganz einfach entpacken.

Hubschraubereinsatz

Mit der YES-Position signalisieren Sie dem Hubschrauber, dass Sie Hilfe benötigen und der Hubschrauber bei Ihnen richtig ist. Sie müssen den Hubschrauber unter Umständen einweisen, falls er nicht vorab einen Helfer herunterlässt. Der Einweiser sollte mit dem Rücken zum Wind stehen und sich nicht bewegen, auch wenn der Hubschrauber sehr nahekommt, dann evtl. knien. Alle losen Gegenstände wie Jacken, Rucksäcke etc. am Landeplatz befestigen.

Mit der NO-Position teilen Sie dem Hubschrauber mit, dass Sie keine Hilfe benötigen.

Hunde

Eine Übernachtungsmöglichkeit mit einem Hund auf den Hütten der Verwallrunde zu finden, ist eher schwierig. Auf alle Fälle sollten Sie vorher die Hüttenleute kontaktieren und abklären, ob es möglich ist, den eigenen Hund mitzubringen. In den Schlafräumen der Alpenvereinshütten sind Haustiere normalerweise verboten.

Die normale Verwallrunde kann von Hunden gut bewältigt werden. Auf Almwiesen mit Tieren sollten die Hunde angeleint werden. Ansonsten können Sie sie auch frei am Weg laufen lassen. Hunde benötigen ausreichend Wasser für unterwegs, das Sie unbedingt mitführen müssen. Nicht auf allen Wegen treffen Sie auf genügend Nass.

Den Hoppe-Seyler-Weg und den Ludwig-Dürr-Weg empfehlen wir nicht für Hunde.

Informationen und Internetlinks

Informationen zur Verwallrunde erhalten Sie unter:

- Homepage der Verwallrunde, 💻 www.verwall.de

Beteiligte Alpenvereinssektionen:

- DAV-Sektion Hamburg und Niederelbe, ☏ 040/60 08 88 88, 💻 www.dav-hamburg.de
- DAV-Sektion Darmstadt-Starkenburg, ☏ 061 51/159 65 50, 💻 www.alpenverein-darmstadt.de
- DAV-Sektion Friedrichshafen, ☏ 075 41/223 61, 💻 www.alpenverein-friedrichshafen.de
- DAV-Sektion Heilbronn, ☏ 071 31/67 99 33, 💻 www.dav-heilbronn.de
- DAV-Sektion Konstanz, ☏ 075 31/217 94, 💻 www.dav-konstanz.de
- DAV-Sektion Reutlingen, ☏ 071 21/33 09 40, 💻 www.dav-reutlingen.de
- DAV-Sektion Worms, ☏ 062 41/513 21, 💻 www.dav-worms.de
- DAV-Sektion Kiel, ☏ 04 31/530 31 49, 💻 www.alpenverein-kiel.de
- ÖAV-Sektion Touristenklub Innsbruck, ☏ +43 512/58 51 57, 💻 www.touristenklub.org

Tourismusverbände:

- Tourismusverband St. Anton am Arlberg, A-6580 St. Anton am Arlberg, ☏ +43 54 46/226 90, ✉ info@stantonamarlberg.com, 💻 www.stantonamarlberg.com
- Klostertal Tourismus, A-6752 Dalaas, ☏ +43 55 85/72 44, ✉ info@klostertal.info, 💻 www.klostertal.info
- Tourismusverband Paznaun-Ischgl, Dorfstr. 43, 6561 Ischgl, ☏ +43 509 90/100, ✉ info@paznaun-ischgl.com, 💻 www.paznaun-ischgl.com

Internet und Handynetze

WLAN-Zugänge sind auf DAV-Hütten auch 2017 immer noch recht selten gewesen. Auf den Hütten finden sich überall Plätze, an denen ein Handyempfang möglich ist, und damit bei entsprechendem Tarif auch ein Zugang zum Internet. Im Zweifel einfach den Hüttenwirt nach einem Tipp bzgl. Standort für Handyempfang fragen.

Die Vorwahl für Österreich ist die 0043. Danach lassen Sie die 0 der Ortsvorwahl einfach weg.

Da seit 2017 in den Ländern der Europäischen Union die Roaming-Gebühren weggefallen sind, können Sie grundsätzlich Ihr Mobilfunkgerät genauso nutzen wie zu Hause. Eine Flatrate für netzinterne Gespräche oder Verbindungen muss nicht zwingend im Ausland gelten. Darüber hinaus kann es weitere Ausnahmen geben, die Sie am besten mit Ihrem Mobilfunk-Anbieter abklären. Schweizer und andere Nicht-EU-Bürger sollten sich in jedem Fall bei ihrem Mobilfunk-Anbieter erkundigen.

Kinder

Die häufig steilen Auf- und Abstiege im Verwall, aber auch ausgesetztes Gelände fordern von Ihnen höchste Aufmerksamkeit. Kinder sollten auf die Verwallrunde nur dann mitgenommen werden, wenn sie bereits einige Erfahrung mit Bergtouren haben. Die anspruchsvollen Varianten sind mit Kindern tabu, außer es handelt sich um absolute Berggeher.

Manche Wegabschnitte sind selbst für Erwachsene eine Herausforderung.

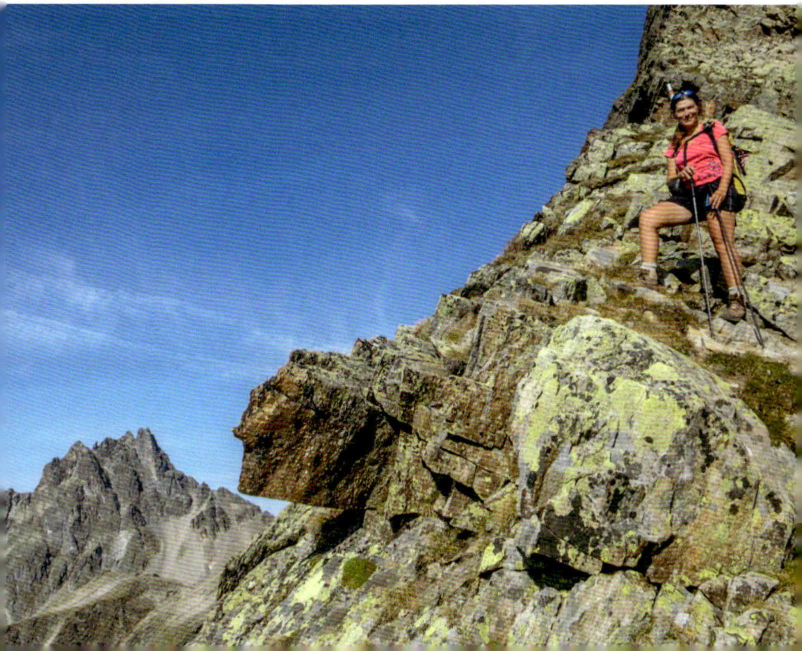

Klima und Reisezeit

Die Wanderung auf der Verwallrunde ist an die Öffnungszeiten der Hütten von Ende Juni bis Mitte bzw. Ende September gebunden. Im Frühsommer kann in schattseitigen Karen häufig noch Altschnee liegen. Daher sollten Sie sich vor der Wanderung bei den Hüttenwirten über den Zustand der Wege informieren.

Mit den höchsten Temperaturen im Jahresmittel von um die 20 °C in St. Anton und den meisten Sonnenstunden pro Tag sind die Monate Juli bis September die beste Reisezeit für das Verwall. Allerdings müssen Sie in diesen Monaten auch mit durchschnittlich 15 bzw. 16 Regentagen je Monat rechnen.

Zudem ist es wichtig, sich immer mit dem aktuellen Wetterbericht zu versorgen.

Den **Alpenvereinswetterbericht** können Sie im Internet auf der Website 💻 www.alpenverein.de/DAV-Services/Bergwetter/ oder per Telefon unter der Nummer ☏ 089/29 50 70 abfragen.

Weiterhin besteht von Mo bis Sa die Möglichkeit einer telefonischen Beratung von der Zentralanstalt für Meteorologie und Geodynamik (ZAMG), die für die Erstellung des Alpenvereinswetterberichtes zuständig ist, unter der Nummer ☏ +43 512/29 16 00.

Kondition

Bevor Sie auf die Verwallrunde starten, checken Sie die konditionelle Verfassung und das persönliche Können aller Mitwanderer. Kondition können Sie sich durch regelmäßiges Training aneignen. Während den Tagestouren sollten Sie ausreichend Pausen einplanen und genügend trinken. Notfalls brechen Sie die Tour lieber ab.

Es sind täglich um die 10 km und zwischen 500 und 1.300 Höhenmeter im Aufstieg zu leisten. Lange Abschnitte sind der Apothekerweg und der Bruckmannweg. Die anspruchsvollen Varianten über den Hoppe-Seyler-Weg oder den Ludwig-Dürr-Weg dürfen nicht unterschätzt werden, da sowohl körperliche Kondition als auch Konzentrationsfähigkeit bis zum Schluss gefordert sind.

Das persönliche Können erwerben Sie durch Üben, zum Beispiel mit einem erfahrenen Begleiter auf einer Tour oder noch besser durch entsprechende Kurse in den Sektionen des Deutschen Alpenvereins.

Eine zusätzliche Hilfe sind auch 📖 Bücher, z. B. Pepi Stückl, Georg Sojer: Outdoor Praxis Bergsteigen, Bruckmann Verlag, ISBN 978-3-76545-876-7.

Landkarten und Wegmarkierungen

Die Wanderwege im Verwall sind durchwegs gut beschildert und markiert. Die Markierung ist häufig in den Farben Rot-Weiß gehalten und auf Steinen zu finden. Manchmal gibt es auch nur rote Punkte. Trotzdem sollten Sie auf gutes Kartenmaterial nicht verzichten. Falls Sie sich verlaufen oder mal eine Markierung fehlt, sind Sie mit den Karten auf der sicheren Seite.

Wir empfehlen die Alpenvereinskarte Blatt 28, Verwallgruppe, 1:50.000, ISBN 978-3-93753-054-3. Sie erhalten die Karte beim Deutschen Alpenverein unter 💻 www.dav-shop.de.

Eine weitere Alternative ist die Kompass Wanderkarte Blatt 41 Silvretta, Verwallgruppe, 1:50.000, ISBN 978-3-85491-047-3.

Literaturtipps

Wer einen umfassenden Führer über die Verwallgruppe möchte, dem sei der Alpenvereinsführer empfohlen. In diesem Buch ist jeder Anstieg zu einem Gipfel bzw. einer Hütte beschrieben, die es im Verwall gibt.

📖 Peter Pindur, Roland Luzian, Andreas Weiskopf: Alpenvereinsführer Verwallgruppe, Bergverlag Rother, ISBN 978-3-76331-251-1

Medizinische Versorgung

Die Sportklinik befindet sich in St. Anton am Arlberg im Sollederweg 5, ☎ +43 54 46/426 66, ✉ info@sportklinik-arlberg.at, 💻 www.sportklinik-arlberg.at.

Die gesetzliche Krankenversicherung gilt auch in Österreich. Es werden aber nur die Kosten übernommen, die das Krankenversicherungssystem in Österreich vorsieht. Diese können sich vom Versorgungsstandard in Deutschland unterscheiden. Zudem erhalten Sie oft eine privatärztliche Rechnung, wenn Sie im Urlaub einen Arzt oder ein Krankenhaus aufsuchen. Diese Kosten werden von der gesetzlichen Krankenkasse nicht übernommen.

Bei Privatversicherten hängt der Versicherungsschutz vom jeweiligen Versicherungstarif ab. Hier ist aber oft eine Selbstbeteiligung oder eine Regelung zur Beitragsrückerstattung zu berücksichtigen.

Eine Auslandskrankenversicherung sollten Sie daher für den Fall der Fälle abschließen. Entsprechende Versicherungen kosten ca. € 10 pro Jahr. Dies gilt insbesondere auch für Nicht-EU-Bürger.

Naturgefahren

Das Wetter kann sich im Gebirge innerhalb eines Tages ändern. Wetterstürze bringen natürlich Gefahren mit sich. Während bei Gewitter die unmittelbare Gefahr eines Blitzschlages besteht, kann bei Wetterstürzen mit Neuschnee einfaches Wandergelände plötzlich vereisen oder die damit verbundene Kälte bei unzureichender Ausrüstung schnell zu Unterkühlung führen. Bei Gewittergefahr sollten Sie nach Möglichkeit umkehren. Auf alle Fälle sind Grate und Gipfel, ebenso wie Wasser führende Rinnen und Gräben zu meiden sowie Drahtseile nicht mehr zu berühren. Sie sollten Mulden aufsuchen und sich auf eine isolierende Unterlage (Rucksack) setzen.

Nicht nur ein plötzlicher Wettersturz kann durch Schnee, Vereisung oder Nässe zu Gefahren führen. Im Frühsommer behindern häufig Altschneefelder auf den Wegen ein einfaches Fortkommen. Hier helfen Steigeisen und Eispickel gut darüber hinweg. Im Falle eines Sturzes sollten Sie sich sofort mit dem Gesicht zum Hang drehen und in die „Liegestütz-Position" kommen, um den Sturz abzufangen.

Auf einigen schrofigen Passagen besteht im Bereich von Rinnen oder auch Felsen die Gefahr von Steinschlag. Diese Passagen sollten Sie möglichst schnell durchqueren.

Gerade im Frühsommer können auf den Graten von höheren Gipfeln Wechten ausgeprägt sein. Hier sollten Sie nie ganz auf dem Grat und damit auf der Wechte gehen, sondern lieber etwas unterhalb. Auch auf den Gipfeln sollten Sie entsprechend vorsichtig sein.

Notruf

Die Nummer für alpine Notrufe ist ☏ 112. Dort werden dann von der Zentrale die Bergrettung als auch eventuell notwendige Hubschraubereinsätze organisiert. Bei der Nummer handelt es sich um den Euronotruf. Hier wählt sich das Handy automatisch in das jeweils stärkste Netz ein. Im Gebirge gibt es nicht an jeder Stelle guten Handyempfang. Manchmal müssen Sie ein paar Meter zu einem exponierten Punkt aufsteigen, um Empfang zu bekommen.

Alpines Notsignal: Haben Sie im Notfall keinen Handyempfang, so gibt es noch die Möglichkeit über das Alpine Notsignal Hilfe zu holen. Dabei handelt es sich um ein optisches oder akustisches Zeichen (Pfeifen oder Taschenlampe in der Dunkelheit), das eine Minute lang alle 10 Sekunden abgegeben wird. Nach einer Pause von einer Minute senden Sie wieder sechs Signale. Dies wiederholen Sie solange, bis Sie Antwort bekommen. Die Antwort ist ein Signal mit drei Zeichen (optisch oder akustisch) innerhalb einer Minute.

Radfahrer

Die gesamte Runde führt durch das Hochgebirge. Auch wenn einzelne Strecken mit dem Fahrrad machbar sind, so kann die gesamte Verwallrunde nicht mit dem Fahrrad absolviert werden.

Unterkunft

Sie übernachten während der gesamten Runde auf ⌂ Alpenvereinshütten. Auch wenn die Verwallrunde nicht überlaufen ist, so ist eine Reservierung unbedingt zu empfehlen. Gemäß Richtlinien der Alpenvereine wird in der Regel pro Person eine Anzahlung in Höhe von € 10 fällig, die vor Ort verrechnet wird.

Die Übernachtungspreise sind für Alpenvereinsmitglieder günstiger, weshalb sich eine Mitgliedschaft in einer Sektion lohnt. Zudem gibt es entsprechenden Versicherungsschutz während der Tour, der gerade im Notfall sehr wichtig werden könnte. Die Mitgliedspreise unterscheiden sich je nach Alpenvereinssektion. Es gibt Sektionen mit einem Jahresbeitrag von € 54, aber auch € 97. Ehepartner des ersten Mitglieds zahlen zwischen € 28 und € 53. Idealerweise wenden Sie sich an Ihre örtliche Alpenvereinssektion. Diese finden Sie über die Sektionssuche auf der DAV-Homepage 💻 www.alpenverein.de/DAV-Services/Sektionen-Suche.

Die Friedrichshafener Hütte

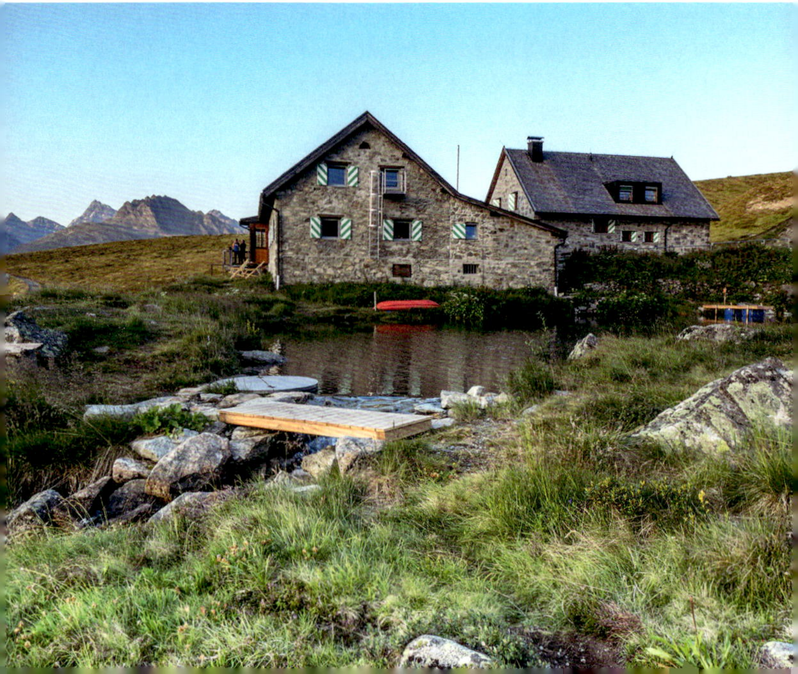

Auch wenn der Komfort in den Alpenvereinshütten in den letzten Jahren zugenommen hat, so handelt es sich immer noch um Bergsteigerunterkünfte. Nicht jede Hütte bietet Ihnen Duschen und oft schlafen Sie in Lagern mit mehreren Personen. Aber das macht den Erlebniswert der Rundwanderung noch viel intensiver.

Beim Duschen berücksichtigen Sie bitte, dass die Klärung von Abwässern auf Hütten immer schwierig ist und großen Aufwand erfordert. Deshalb duschen Sie am besten nur, wenn es wirklich notwendig ist.

Ebenfalls ist Müll ein großes Problem im Gebirge. Von den Hütten muss er aufwändig ins Tal gebracht werden. Am besten helfen Sie mit, indem Sie Ihren mitgebrachten Müll selbst wieder mit ins Tal nehmen. Deshalb bleiben unnötige Verpackungen besser direkt zu Hause.

Updates

Der Conrad Stein Verlag veröffentlicht Updates zu diesem Buch, die direkt von den Autoren oder von den Lesern dieses Buches stammen. Bitte suchen Sie vor Ihrer Abreise auf der Verlagshomepage www.conrad-stein-verlag.de diesen Titel. Der rechts abgebildete QR-Code führt Sie direkt zu der richtigen Seite.

Zum Gebrauch der Wegbeschreibung

Bei der Wegbeschreibung wird die gesamte Runde von Pettneu bis nach St. Christoph in acht Etappen beschrieben.

Entsprechende Varianten haben wir gleich im Anschluss an die jeweilige Hauptetappe aufgeführt. Dazu gehören zwei lohnende Gipfeltouren auf den Hohen Riffler und den Scheibler, aber auch der landschaftlich großartige Georg-Prasser-Weg an der Friedrichshafener Hütte.

Obwohl die gesamte Runde natürlich eine großartige Unternehmung ist, so gibt es auch noch weitere Varianten durch dieses wunderschöne Gebirge. Wir haben weiterhin die Zuwege aus dem Montafon und dem Paznauntal mit aufgeführt sowie eine kürzere Verwallrunde, eine Durchquerung vom Montafon zum Arlberg und eine relativ anspruchsvolle Durchquerung des Westlichen Verwalls. Diese Touren wurden ebenfalls von der Initiative Verwallrunde erarbeitet. Den Abschluss bilden drei Vorschläge für Touren an verlängerten Wochenenden, um das Verwall kennenzulernen.

Die klassische Verwallrunde

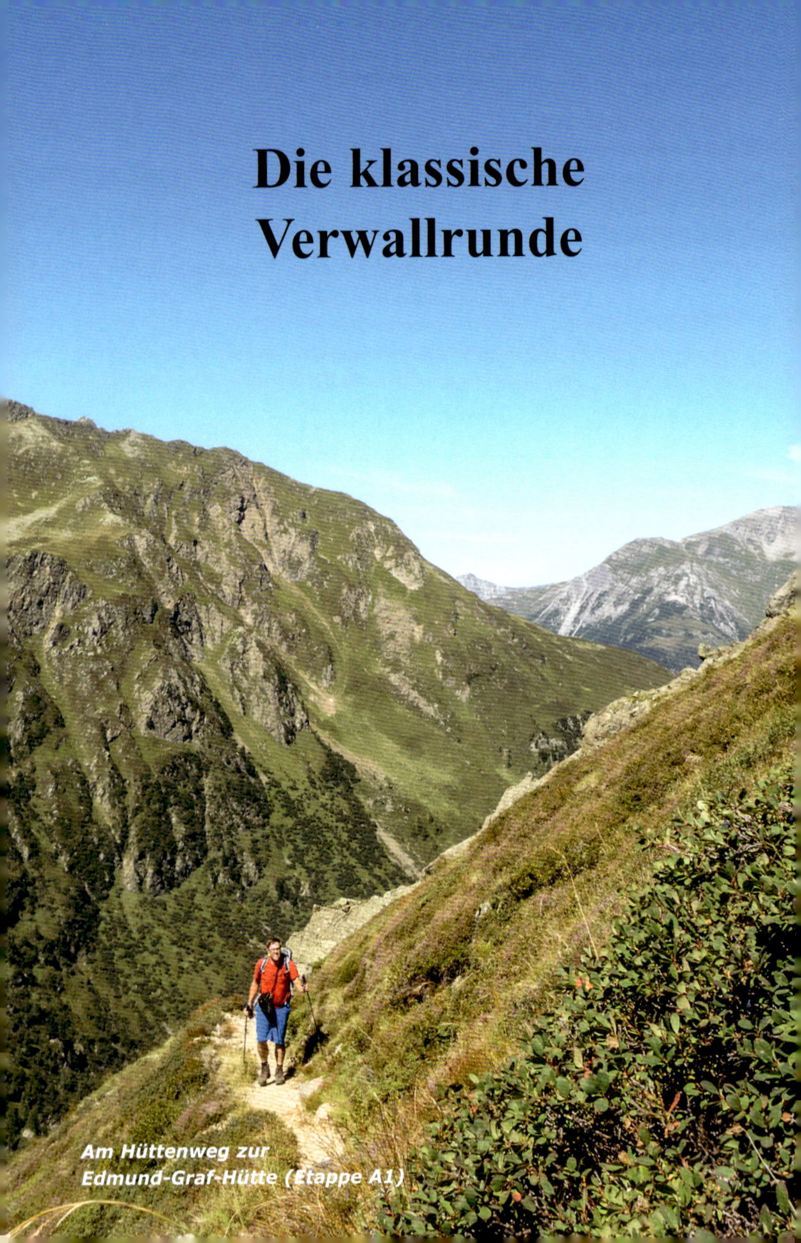

Am Hüttenweg zur Edmund-Graf-Hütte (Etappe A1)

Pettneu am Arlberg ⇧ 1.222 m

Tourismusverband St. Anton am Arlberg – Ortsstelle Pettneu am Arlberg, Pettneu am Arlberg 150, 6574 Pettneu am Arlberg, ☎ +43 54 48/82 21, pettneu@stantonamarlberg.com, www.stantonamarlberg.com

Hotel Alpina, Dorf 82, 6574 Pettneu, ☎ +43 54 48/84 04, holiday@alpina-arlberg.at, www.alpina-arlberg.at, HP ab € 69 p. P.

♦ Hotel Gridlon, Garnen 36, 6574 Pettneu, ☎ +43 54 48/82 08, hotel@gridlon.com, www.gridlon.com, HP ab € 109 p. P.

♦ Hotel Olympia, Vadiesen 210, 6574 Pettneu, ☎ +43 54 48/82 53, hotel.olympia@tirol.com, www.hotel-olympia.co.at, ÜF ab € 96 p. P.

♦ Hotel Pettneuerhof, Steinig 207, 6574 Pettneu, ☎ 43 54 48/83 91, pettneuerhof@aon.at, www.pettneuerhof.at, HP ab € 74 p. P.

Gasthof Zur Traube, Dorfstr. 77, 6574 Pettneu, ☎ +43 54 48/83 54, office@gasthoftraube.com, www.gasthoftraube.com, ÜF ab € 30 p. P.

P kostenloser Wanderparkplatz am Eingang in das Malfontal

Bushaltestelle am Wellnesspark

A1. Von Pettneu zur Edmund-Graf-Hütte

7,4 km, 3 Std. 30 Min., ↑ 1.188 m, ↓ 3 m, ⇧ 1.190-2.408 m

0,0 km	⇧ 1.222 m	Pettneu am Arlberg
4,2 km	⇧ 1.687 m	Vordere Malfonalpe
4,9 km	⇧ 1.760 m	Abzweig Hüttenweg
7,4 km	⇧ 2.408 m	Edmund-Graf-Hütte (Gipfelabstecher)

Die erste Etappe führt von Pettneu am Arlberg zur Edmund-Graf-Hütte. Zu Beginn geht es kurz auf einer Forststraße bergauf. Anschließend spazieren Sie durch das flache Malfontal zur Vorderen Malfonalpe. Erst danach zweigt der Steig zur Hütte ab. Auf diesem steigen Sie teilweise ziemlich steil hinauf zur Edmund-Graf-Hütte.

Idealerweise fahren Sie mit dem Bus der Linie 9 vom Busbahnhof in St. Anton am Arlberg bis zur Bushaltestelle Wellnesspark in Pettneu am Arlberg. Übernachten Sie am Vorabend in Pettneu, wandern Sie am besten zu Fuß von der Ortsmitte zum Wellnesspark. Alternativ können Sie auch morgens von St. Anton mit der Linie 7 bis zur Haltestelle Dorf in Pettneu fahren.

Vom Wellnesspark gehen Sie kurz in östlicher Richtung (Straßenbezeichnung Strohsack), biegen dann gleich nach rechts ab und folgen der Straße in südlicher Richtung bis zum **P** Wanderparkplatz am Eingang des Malfontals.

☺ **P** Hier können Sie während der Wanderung auf der Verwallrunde kostenlos das Auto parken. Am Ende der Tour lassen Sie sich einfach vom Taxi hierher zurückfahren. So ersparen Sie sich auch den Weg von Pettneu bis zum Eingang in das Malfontal.

Am Wanderparkplatz beginnt der breite Schotterweg, der entlang des Malfonbaches taleinwärts führt. Sie sollten zwischendurch einmal stehen bleiben und sich umdrehen. Sie können hinüber zu den Lechtaler Alpen blicken und eindrucksvoll die Leutkircher Hütte auf einem Gratrücken stehen sehen. Nach einem gemächlichen Beginn, bei dem die Straße nur sanft ansteigt, gewinnt sie mit Hilfe von ein paar Kehren bald schnell an Höhe. Neben Ihnen rauscht der Malfonbach beeindruckend ins Tal.

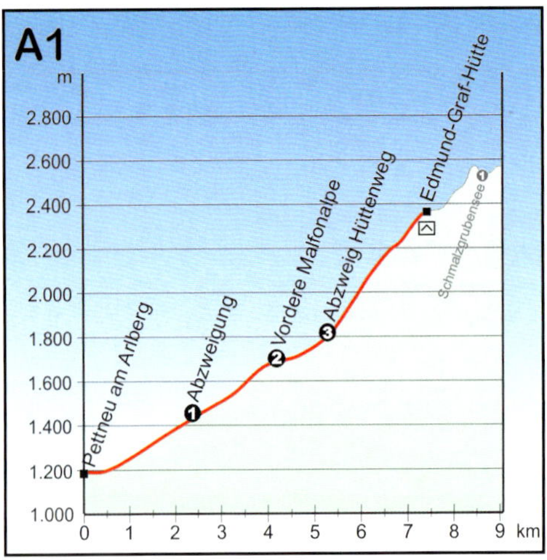

Wenig später kommen Sie an einer Wiese zu einer Abzweigung ❶. Hier können Sie eine Schleife der Almstraße auf einem Steig abkürzen. Sie erreichen die bewirtschaftete ✕ Vordere Malfonalm (1.687 m) ❷, an der sich der Wald bereits gelichtet hat und noch einmal ein schöner Blick nach Norden zu den Lechtaler Alpen möglich ist. Die Almhütte mit ihrer Terrasse bietet sich ideal für eine erste Verschnaufpause an.

✕ Vordere Malfonalpe, Gerhard und Roswitha Egender, ☏ +43 664/520 59 28, im Sommer bewirtschaftet

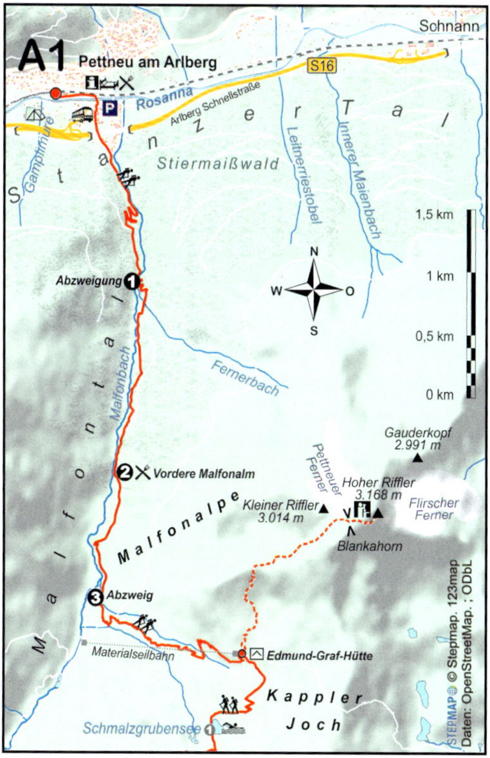

Nach der kurzen Pause wandern Sie auf dem breiten Almfahrweg weiter, bis der Steig kurz vor der Hinteren Malfonalpe nach links zur Edmund-Graf-Hütte abzweigt ❸. Oberhalb sehen Sie die Seile der Materialseilbahn, die von hier zur Hütte hinaufführen.

Auf dem Steig wandern Sie steil bergauf. Mit Hilfe von vielen Kehren gewinnen Sie schnell an Höhe und können immer wieder schöne Ausblicke auf die Umgebung und zum lieblichen Talschluss des Malfontals genießen. Über freies Wiesengelände erreichen Sie einen Absatz, der einen grandiosen Tiefblick auf das Malfontal gewährt. Dieser Wegpunkt bietet sich noch einmal für eine kurze Verschnaufpause an. Sie steigen weiter hinauf bis unter eine Felswand. Hier teilt sich der Weg, wobei beide Steige hinauf zur Hütte führen. Die linke Variante ist dabei an einer kurzen Stelle etwas ausgesetzt. Kurz vor der Hütte vereinigen sich die beiden Wege wieder und führen gemeinsam hinauf zur schön gelegenen ⌂ Edmund-Graf-Hütte (2.408 m). Auf der sonnigen Terrasse sollten Sie sich erst einmal niederlassen und ein kühles Erfrischungsgetränk genießen.

⌂ Edmund-Graf-Hütte, ÖAV-Sektion Touristenklub Innsbruck, Pächterin: Andrea Raneburger, ☏ +43 699/13 29 00 61, ✉ team@edmund-graf-huette.at,

www.edmund-graf-huette.at, Ende Juni bis Ende Sept,
HP für Erwachsene € 42 (DAV-Mitglied) bzw. € 54 (Nicht-DAV-Mitglied) im Zimmerlager, Übernachtung mit Frühstück ohne Halbpension € 16 weniger.
Im Matratzenlager und für Kinder und Jugendliche ist die Übernachtung günstiger.
Die genaue Aufstellung finden Sie auf der Homepage unter
www.edmund-graf-huette.at/egh/index.php/preise-und-reservierungen.

Mit dem Bau der Edmund-Graf-Hütte wurde 1884 begonnen. Renovierungen erfolgten 1924, 1972/73 sowie 1991/92. Vor allem 1972/73 wurde die Hütte durch einen Neubau beträchtlich erweitert. Sie gehört der Sektion Touristenklub Innsbruck des Österreichischen Alpenvereins. Der Namensgeber der Hütte war Vizepräsident der Sektion. Edmund Graf verunglückte kurz nach der Eröffnung in den Sarntaler Alpen in Südtirol.

Sollten Sie auf der Edmund-Graf-Hütte vom Schlechtwetter erwischt werden, so empfiehlt sich ein Abstieg auf dem Hüttenweg zurück nach Pettneu.

Gipfelabstecher: Auf den Hohen Riffler

4,5 km, 4 Std., ↑ 781 m, ↓ 781 m, ⇧ 2.408-3.168 m

0,0 km	⇧ 2.408 m	Edmund-Graf-Hütte
1,9 km	⇧ 3.000 m	Sattel Blankahorn/Kl. Riffler
2,3 km	⇧ 3.168 m	Hoher Riffler
2,7 km	⇧ 3.000 m	Sattel Blankahorn/Kl. Riffler
4,5 km	⇧ 2.408 m	Edmund-Graf-Hütte

Bestimmt fassen Sie die Besteigung des höchsten Verwallgipfels ins Auge. Haben Sie genug Zeit mitgebracht, lohnt es sich, dies gleich am zweiten Tag in Angriff zu nehmen. Der Hohe Riffler ist der höchste und auch bekannteste Gipfel des Verwallgebirges und auf einem relativ unproblematischen Steig von der Edmund-Graf-Hütte zu erreichen. Nach dem langen Hüttenanstieg werden Sie wahrscheinlich kaum mehr am gleichen Tag auf den Gipfel steigen. Aber am nächsten Morgen lohnt sich bei stabilem Wetter eine Besteigung des Berges, bevor Sie über die Schmalzgrubenscharte zur Niederelbehütte weiterziehen.

Von der Edmund-Graf-Hütte (2.408 m) lassen Sie sich von der auf einem Stein geschriebenen Markierung in Richtung Riffler leiten. Sie erreichen einen begrünten Rücken, der vom Blankahorn herunterzieht. Von hier erblicken Sie ein großes Kar, das zwischen dem Kleinem Riffler und dem Blankahorn eingelagert ist. Sie gehen hinüber zu dem Kar, in dem sich im Frühsommer lange der Schnee hält. Dann ist entsprechende Vorsicht geboten. Sie steuern die linke Seite des Kares an und steigen teilweise sehr steil (Drahtseile) hinauf zu einem Sattel. Nun stehen Sie auf 3.000 m Höhe zwischen Kleinem und Hohem Riffler. Am Sattel halten Sie sich leicht rechts und kraxeln über Blockgelände und leichte Felsen hinauf zum Vorgipfel des Hohen Rifflers (3.168 m). Hier ist für Sie Endstation. Der Übergang zum etwas höheren Hauptgipfel, auf dem das Gipfelkreuz steht, erfordert Kletterei im Bereich des II. Schwierigkeitsgrads.

Genießen Sie lieber die grandiose Aussicht am Vorgipfel und Ihre Brotzeit und steigen anschließend auf dem Anstiegsweg über den Sattel Blankahorn wieder hinunter zur Edmund-Graf-Hütte.

Eine Gipfelbesteigung ist allerdings so spektakulär, dass sich auch ein extra Tag dafür lohnt. Durch seine etwas gegen das Inntal vorgeschobene Lage ist der Hohe Riffler ein fantastischer Aussichtsberg, der schon früh Aufmerksamkeit erweckte. Die Erstbesteigung erfolgte bereits 1864 durch Josef Anton Specht gemeinsam mit dem lokalen Führer Franz Pöll aus Mathon. Dem Allgäuer Specht gelangen einige Erstbesteigungen, darunter auch der Patteriol. Er war einer der Mitbegründer des Deutschen Alpenvereins.

Das Gipfelkreuz auf dem Hohen Riffler (Helmut Kober)

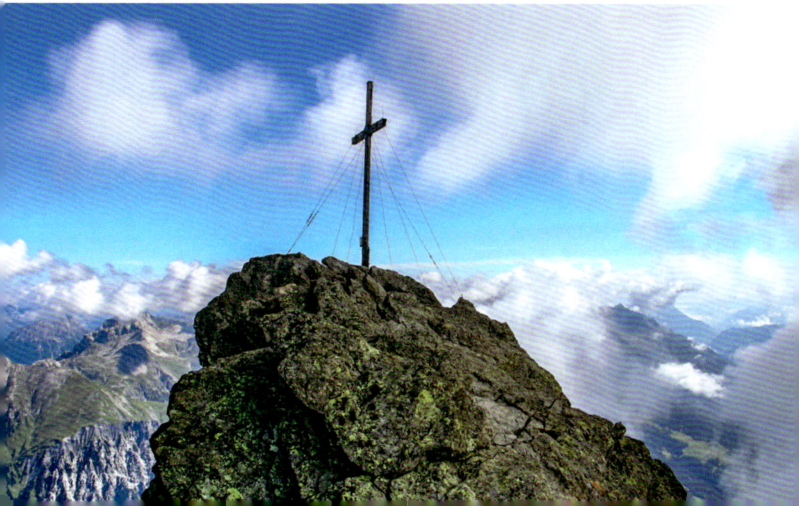

A2. Über den Rifflerweg und den Kieler Weg zur Niederelbehütte

9 km, 5 Std., 526 m, 529 m, 2.160-2.697 m

0,0 km	2.408 m	Edmund-Graf-Hütte
1,3 km	2.558 m	Schmalzgrubensee
2,2 km	2.697 m	Schmalzgrubenscharte
3,6 km	2.369 m	Wegteilung am Kieler Weg
9,0 km	2.318 m	Niederelbehütte

Der Weiterweg zur Niederelbehütte ist ungefähr doppelt so lang wie der Zustieg zur Edmund-Graf-Hütte. Es ist ein wunderschöner Höhenweg, der vom höchsten Punkt, der Schmalzgrubenscharte, eine grandiose Sicht ermöglicht. Es folgen dann lange Hangquerungen in das Skigebiet von Kappl und hinüber zur Niederelbehütte.

Von der Edmund-Graf-Hütte (2.408 m) spazieren Sie in einem Bogen um das Kar unterhalb des Kappler Joches. Nun wird das Gelände bald steiler. Durch Geröll steigen Sie hinauf zu einem Absatz. Unterhalb von Ihnen sehen Sie bereits die blauen Seeaugen der Schmalzgrubenseen (2.558 m). Bei heißem

Der schöne obere Schmalzgrubensee

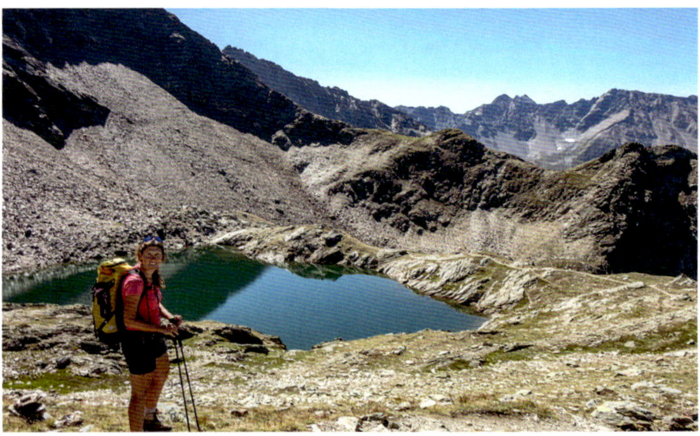

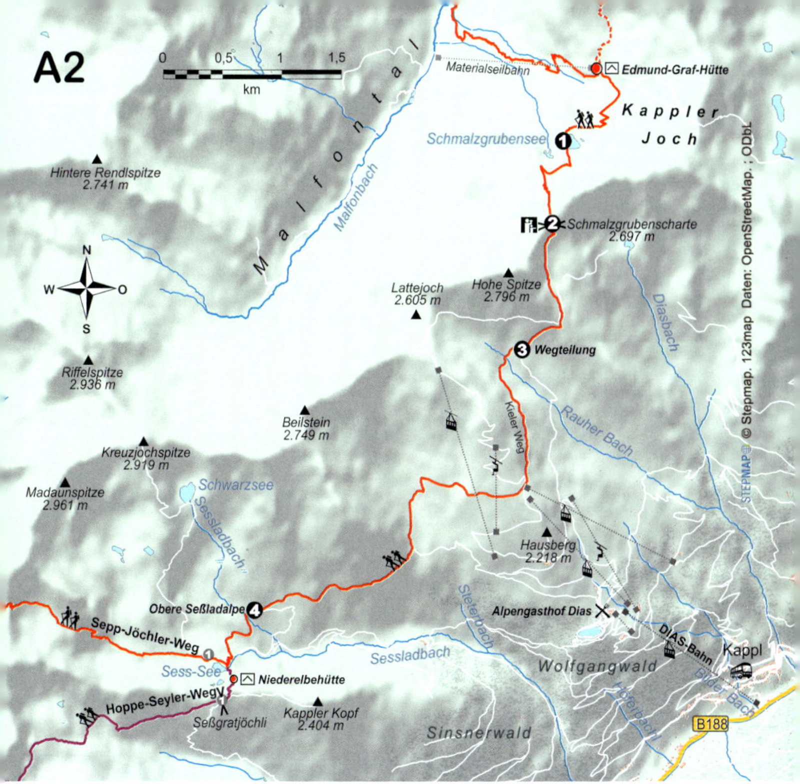
A2
0 0,5 1 1,5
km
Materialseilbahn
Edmund-Graf-Hütte
Kappler Joch
Schmalzgrubensee
Malfontal
Malfonbach
Hintere Rendlspitze 2.741 m
Schmalzgrubenscharte 2.697 m
N
W
O
S
Lattejoch 2.605 m
Hohe Spitze 2.796 m
Diasbach
Wegteilung
Riffelspitze 2.936 m
Beilstein 2.749 m
Kieler Weg
Rauher Bach
Kreuzjochspitze 2.919 m
Madaunspitze 2.961 m
Schwarzsee
Sessladbach
Hausberg 2.218 m
Alpengasthof Dias
Obere Seßladalpe
Sepp-Jöchler-Weg
Stieterbach
DIAS-Bahn
Kappl
Sessladbach
Wolfgangwald
Sess-See
Niederelbehütte
Bilder Bach
Hoppe-Seyler-Weg
Seßgratjöchli
Kappler Kopf 2.404 m
Höferbach
B188
Sinsnerwald
© Stepmap. 123map Daten: OpenStreetMap ; ODbL
STEPMAP

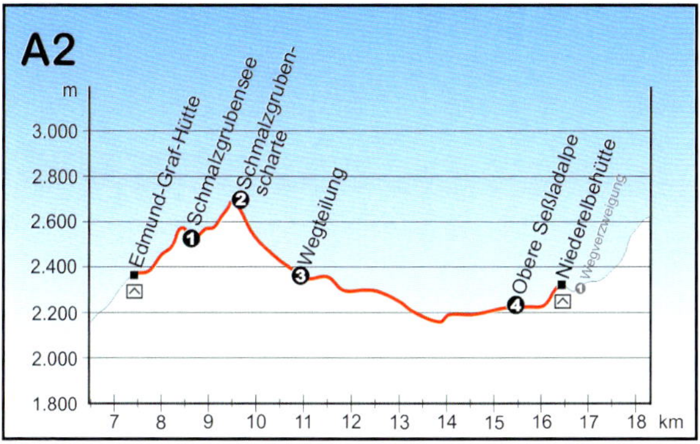
A2
m
3.000
2.800
2.600
2.400
2.200
2.000
1.800
Edmund-Graf-Hütte
Schmalzgrubensee
Schmalzgruben-scharte
Wegteilung
Obere Seßladalpe
Niederelbehütte
Wegverzweigung
7 8 9 10 11 12 13 14 15 16 17 18 km

Sommerwetter können Sie ein Bad in den kühlen Gebirgsseen einlegen. Sie gehen hinunter zum wunderschön gelegenen, oberen See ❶ und wandern in einem großen Bogen in eine weitere Scharte. Diese Passage sollten Sie schnell passieren, da sich in den Geröllhängen oberhalb des Weges immer wieder gerne einzelne Steine lösen.

Von der Scharte kraxeln Sie über grobes Blockwerk weiter in den schmalen Einschnitt der Schmalzgrubenscharte (2.697 m) ❷, von der Sie eine herrliche Aussicht nach Süden genießen.

Nach einer kurzen Verschnaufpause windet sich der Pfad auf der anderen Seite der Scharte in vielen Kehren bergab. Der Steig quert anschließend die Hänge unterhalb der Hohe Spitze bis zu einem großen, schon weithin sichtbaren Steinmann. Hier können Sie einen spektakulären Blick auf die südlich des Paznauntals aufragenden Gipfel der Samnaungruppe bewundern. Sie gehen weiter zu einer Wegteilung (2.369 m) ❸.

Bei Schlechtwettereinbruch können Sie hier auf dem abzweigenden Wanderweg zum Alpengasthof Dias (1.863 m) absteigen und mit der Diasbahn nach Kappl fahren. Die Rückfahrt nach Pettneu erfolgt dann mit dem Bus.

An der Wegverzweigung beginnt der Kieler Weg, der bis zur Niederelbehütte führt. Zunächst erreichen Sie das Skigebiet von Kappl. Sie gehen unter den Liftanlagen hindurch und verlieren anschließend etwas an Höhe. Der Steig zieht um die Ausläufer der Karlestürme herum und bringt Sie an den Abzweig zur Oberen Seßladalpe ❹. Nun ist es nicht mehr weit bis zur gemütlichen Niederelbehütte (2.318 m), die Sie nach einem kurzen, etwas anstrengenden Gegenanstieg erreichen.

Niederelbehütte, DAV-Sektion Hamburg und Niederelbe, Pächterin: Petra Jehle, +43 676/415 23 55, info@niederelbehuette.at, www.niederelbehuette.at, Ende Juni bis Ende Sept, HP für Erwachsene € 44 (DAV-Mitglied) bzw. € 54 (Nicht-DAV-Mitglied) im Zimmerlager, Übernachtung mit Frühstück ohne Halbpension € 15 weniger. Im Matratzenlager und für Kinder und Jugendliche ist die Übernachtung günstiger. Die genaue Aufstellung können Sie der Homepage www.niederelbehuette.at/de/preise.html entnehmen.

Die Niederelbehütte wurde erst 1930 bis 1931 erbaut. In den Jahren 1966/67 und 2001 wurde sie erweitert bzw. renoviert. Die Hütte steht auf einer

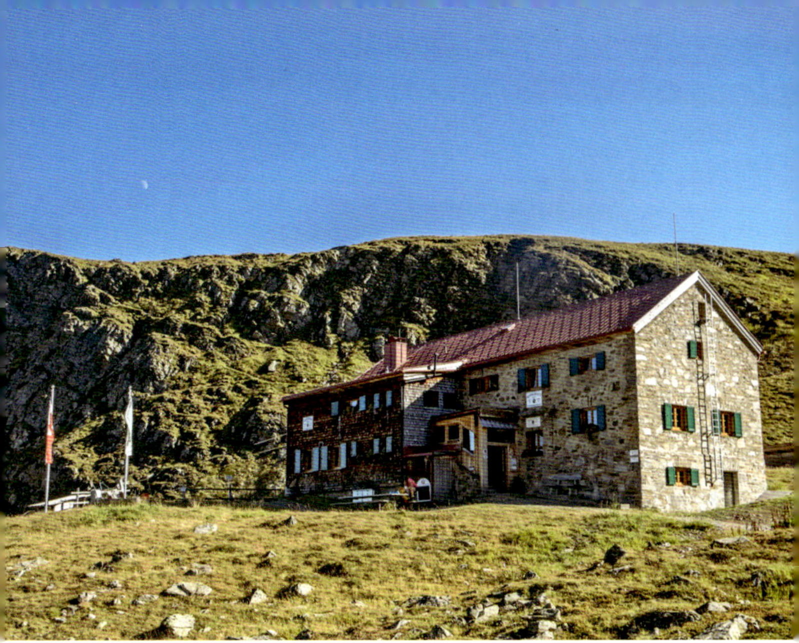

Endlich: die Niederelbehütte

kleinen Anhöhe über dem schönen Seßsee. Auch oberhalb der Hütte befinden sich noch weitere wunderschöne Karseen. Man kann sich heute gut vorstellen, dass die fantastische Almlandschaft die Menschen aus dem hohen Norden Deutschlands in ihren Bann zog und die Hütte deshalb bereits kurz nach der Eröffnung ein beliebtes Erholungsziel war.

↳ Sollten Sie auf der Niederelbehütte von schlechtem Wetter erwischt werden, so steigen Sie am besten nach Kappl im Paznauntal ab. Hierfür wandern Sie von der Hütte hinunter zum Seßladbach und auf dem Forstweg weiter talwärts. Sie biegen nach Osten ab und spazieren hinüber zum ✕ Alpengasthof Dias (1.863 m). Von hier fahren Sie mit der 🚡 Diasbahn hinunter nach Kappl und mit dem Bus Linie 260 nach Landeck und dort mit der Linie 4242 zurück nach Pettneu am Arlberg.

🚡 Weitere Informationen zur Diasbahn:

♦ Bergbahnen Kappl, Au 483, 6555 Kappl, ☏ +43 54 45/62 51,
💻 www.kappl.com/de/service/bergbahnen-kappl/seilbahnen-lifte

A3a. Über den Sepp-Jöchler-Weg zur Darmstädter Hütte

7,4 km, 4 Std., ↑ 801 m, ↓ 727 m, ⇧ 2.025-2.749 m

0,0 km	⇧ 2.318 m	Niederelbehütte
2,2 km	⇧ 2.749 m	Seßladjöchli
5,2 km	⇧ 2.025 m	Speichersee Kartell
7,4 km	⇧ 2.384 m	Darmstädter Hütte

Dies ist der einfachere der beiden Übergänge zur Darmstädter Hütte. Trotzdem bietet der höchste Punkt der heutigen Etappe, das Seßladjöchli, eine herrliche Sicht in diese grandiose wilde Bergregion.

Sepp Jöchler, nach dem der Weg benannt ist, war ein Tiroler Bergsteiger, dem neben einer Erstdurchsteigung im Verwall zusammen mit Hermann Buhl die 8. Durchsteigung der Eiger Nordwand gelang – und das bei schlechten Bedingungen. Er ist auch Erstbesteiger des Cho Oyu in Nepal, dem sechsthöchsten Berg der Welt.

Von der Niederelbehütte (2.318 m) spazieren Sie zum Seßsee und genießen die idyllische Umgebung. Bald folgen Sie den Markierungen in Richtung Seßladjöchli. Sie gelangen zu einer Wegverzweigung ❶. Hier ignorieren Sie den nach rechts abzweigenden Weg zur Kreuzjochspitze. Stattdessen wandern Sie auf dem Weg in Richtung Seßladjöchli. Nach einem ziemlich gemütlichen Beginn erreichen Sie ein Geröllfeld, das Sie überqueren. Der letzte Abschnitt hinauf zum Seßladjöchli (2.749 m) ❷ ist kurz noch einmal ziemlich steil und schweißtreibend. Oben in der Scharte heißt es erst einmal durchschnaufen und das hervorragende Panorama bewundern.

Dann führt der Steig auf der anderen Seite ziemlich steil bergab zu einem Geröllfeld. Das Gelände wird wieder sanfter und Sie wandern über moorige Wiesen hinunter zum Speichersee Kartell ❸.

Von hier können Sie bei schlechtem Wetter auf dem langen Forstweg durch das Moostal bis nach St. Anton am Arlberg wandern. Der Weg ist einfach und nicht zu verfehlen. Die Forststraße zieht sich aber ganz schön in die Länge.

Vom Stausee laufen Sie auf dem breiten Schotterweg ein kurzes Stück nach links, bis Sie ein Wegweiser nach rechts in Richtung Darmstädter Hütte schickt.

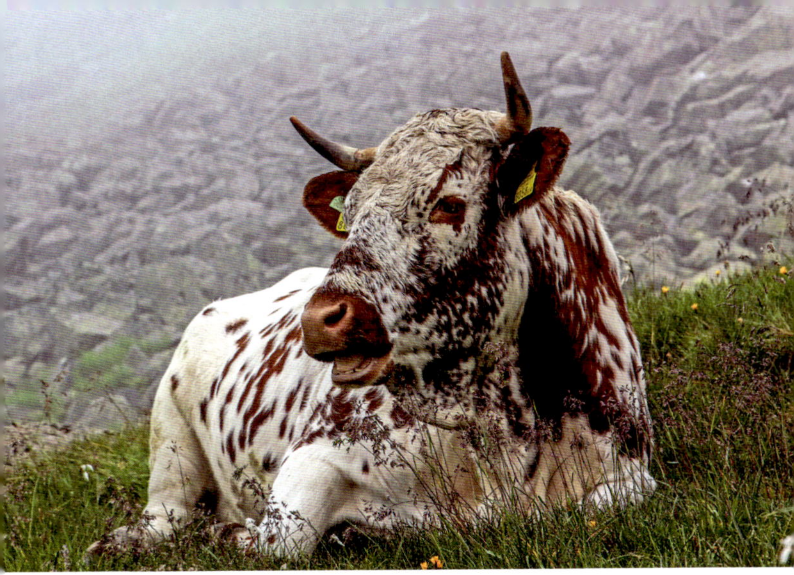

Zotteliger Weggeselle am Weg zum Seßladjöchli (📷 Helmut Kober)

Der Weg führt hinüber zum nahen Bach und folgt diesem sanft ansteigend bergauf. Nach einer Rechtsquerung wird das Gelände steiler und Sie steigen über freies Gelände bergauf bis zur ⌂ Darmstädter Hütte (2.384 m), die unterhalb der mächtigen Kuchenspitze liegt.

☺ Sollten Sie bei schlechterem Wetter vom Stausee zur Darmstädter Hütte hinaufwollen, nutzen Sie besser den Fahrweg, da dieser breit ist und Sie nicht in Gefahr laufen, auszurutschen.

⌂ Darmstädter Hütte, DAV-Sektion Darmstadt und Starkenburg, Pächter: Andreas Weiskopf, ☏ +43 699/15 44 63 14, ✉ darmstaedter.huette@gmx.net, 💻 alpenverein-darmstadt.de/huetten/darmstaedterhuette/, 🚪 Ende Juni bis Mitte Sept, Ü im Zimmerlager für Erwachsene € 13 (DAV-Mitglied) bzw. € 26 (Nicht-DAV-Mitglied), keine Halbpension. Im Matratzenlager und für Kinder und Jugendliche ist die Übernachtung günstiger. Die genaue Aufstellung finden Sie auf der Homepage 💻 http://alpenverein-darmstadt.de/huetten/darmstaedterhuette/uebernachten/ .

Die Darmstädter Hütte wurde 1888 erbaut, allerdings zerstörte sie ein Sturm in der Nacht vor der Einweihung. 1889 stand aber bereits eine neue Hütte. Diese

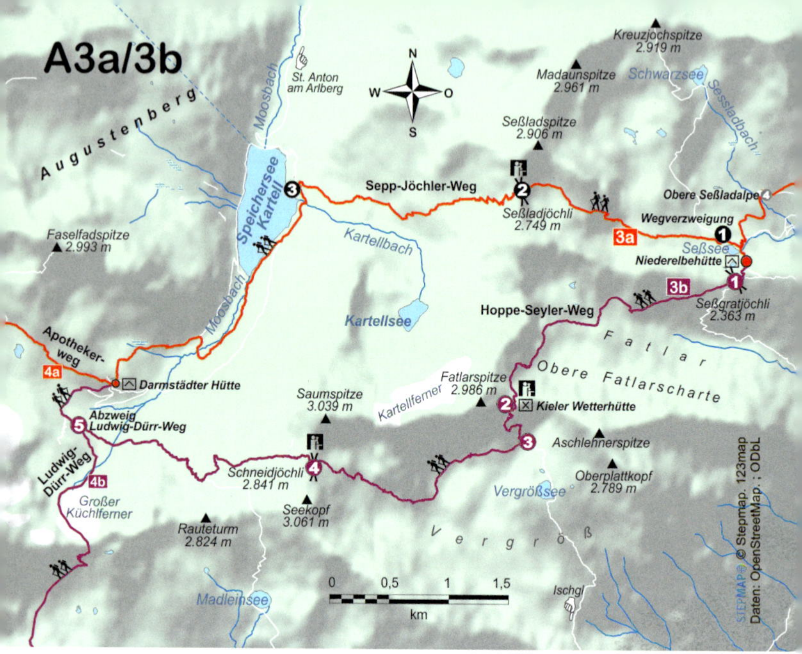

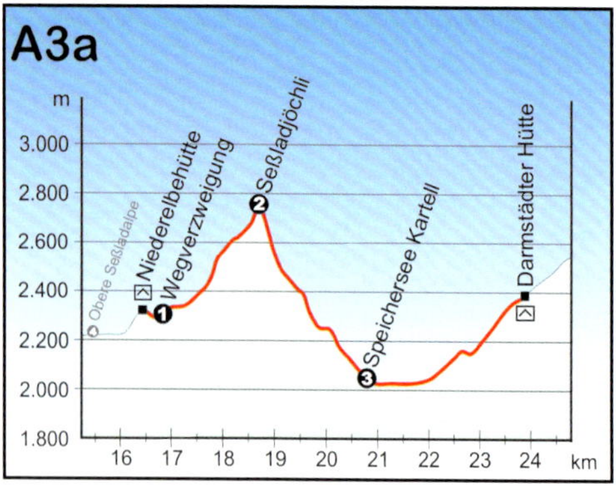

wurde ab dem Jahre 2011 umfangreich saniert, sodass es hier oben inzwischen sogar Duschen gibt. Spezialität der Hütte sind die frischen Knödel in verschiedenen Sorten, die tatsächlich unheimlich lecker sind. Vor allem für E-Biker hat sich die Hütte inzwischen zu einem beliebten Ausflugsziel von St. Anton aus entwickelt.

➪ Ein möglicher Abbruch von der Darmstädter Hütte erfolgt immer durch das Moostal nach St. Anton. Auf dem Wanderweg gehen Sie hinunter zum Speichersee Kartell und weiter auf dem breiten Forstweg talauswärts (☞ siehe oben).

A3b. Über den Hoppe-Seyler-Weg zur Darmstädter Hütte

8,8 km, 6 Std., ↑ 1.108 m, ↓ 1.033 m, ⇧ 2.310-2.841m

0,0 km	⇧ 2.318 m	Niederelbehütte
0,2 km	⇧ 2.363 m	Seßgratjöchli
3,0 km	⇧ 2.800 m	Kieler Wetterhütte
5,7 km	⇧ 2.841 m	Schneidjöchli
8,8 km	⇧ 2.384 m	Darmstädter Hütte

Der Hoppe-Seyler-Weg ist die anspruchsvolle Wegvariante zwischen Niederelbehütte und Darmstädter Hütte. Hier sind einige versicherte Passagen sowie große Geröllfelder zu bewältigen, sodass diese Wegvariante nur erfahrenen und geübten Bergwanderern empfohlen werden kann. Stimmen die Voraussetzungen – neben gutem Können noch stabiles Wetter und gute Verhältnisse – handelt es sich allerdings um einen großartigen Übergang.

Mit dem Hoppe-Seyler-Weg entscheiden Sie sich für ein kleines Abenteuer, dem Sie auch gewachsen sein sollten. Belohnt werden die Mühen mit einer perfekten Rundumsicht von der unbewirtschafteten, kleinen Kieler Wetterhütte.

Bei schlechtem Wetter darf der Weg aufgrund von Steinschlaggefahr keinesfalls begangen werden.

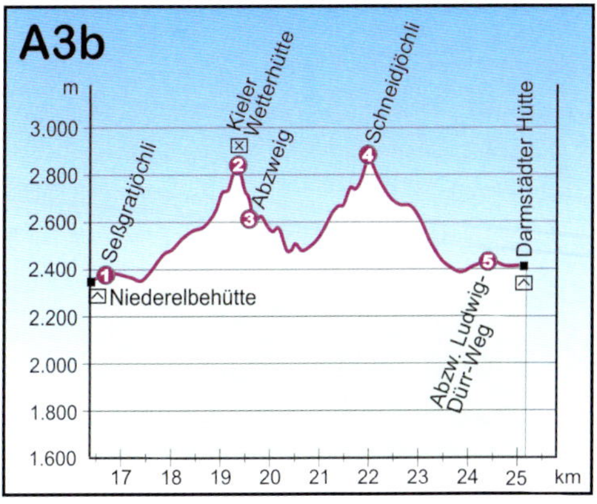

Von der Niederelbehütte (2.318 m) wandern Sie hinauf zum Seßgratjöchli (2.363 m) ❶. Nun queren Sie die Grashänge hinüber ins Fatlar, einem weiten Hochtal. In einem Bogen spazieren Sie nach links zu einem Schuttkar, das von der Fatlarspitze herunterzieht. Durch dieses gehen Sie hinüber zu einem steilen Felshang.

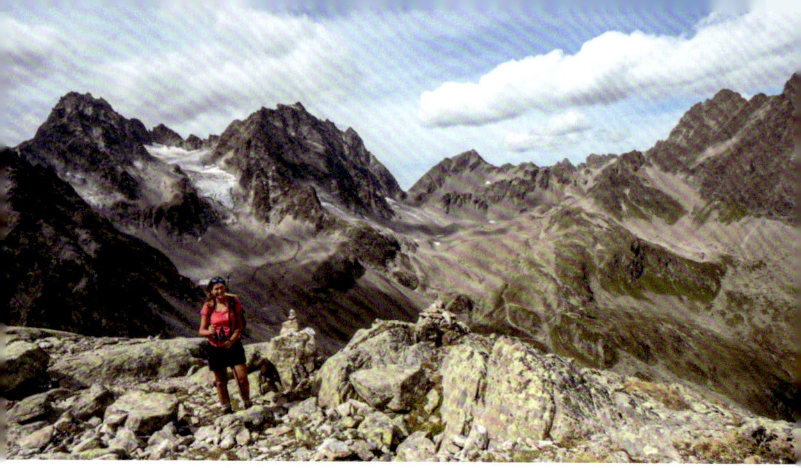

Im Abstieg vom Schneidjöchli zur Darmstädter Hütte

Geschickt überwindet der Steig diesen Abschnitt und bald schon stehen Sie an der kleinen ⛫ ☒ Kieler Wetterhütte (2.800m) ❷ bei der Oberen Fatlarscharte.

☒ Kieler Wetterhütte, DAV-Sektion Kiel, Selbstversorgerhütte mit 3 Plätzen

Auf der Bank vor der unbewirtschafteten Unterstandshütte können Sie sich eine kleine Pause gönnen und die Aussicht zu den Berggipfeln der Silvretta genießen. Mit ein bisschen Glück können Sie den großen Ortler am Horizont erkennen.

Der Übergang wurde 1930 angelegt. Ein Jahr später erbaute die Sektion Kiel am Höhenweg die Kieler Wetterhütte, eine kleine Notunterkunft in prachtvoller Aussichtslage.

Von der Hütte führt der Steig sehr steil bergab. Die schwierigsten Passagen sind dabei mit Drahtseilen und Eisenklammern gesichert, über die Sie hinwegbalancieren. Sie erreichen die tiefste Stelle des Übergangs. In der Nähe befinden sich der Vergrößsee und die Abzweigung nach Ischgl ❸. Diese ignorieren Sie und wandern unterhalb von steilen Felswänden in ein weiteres Kar. Einzelne Abschnitte sind hier wiederum versichert. Über grobes Blockwerk kraxeln Sie entspannt dahin. Der Weg wird gut von den zuständigen Alpenvereinssektionen gepflegt. Trotzdem kann er an einzelnen Stellen aufgrund des instabilen Geländes etwas undeutlich sein.

Nun folgt der anstrengende und etwas mühsame Anstieg zum ⛫ Schneidjöchli (2.841 m) ❹, das Sie zuletzt durch ziemlich steiles Gelände erreichen.

Hier am Fuße der Saumspitze bietet sich ein großartiges Ambiente, blicken Sie doch hinüber zur mächtigen Kuchenspitze und dem Scheibler.

Auch wenn sich Steigspuren in Richtung Gipfel ziehen, sollten Sie davon Abstand nehmen. Der Anstieg vom Joch ist eine anspruchsvolle Kletterei, sodass Sie sich besser auf den Weiterweg machen.

Der Abstieg zur Darmstädter Hütte über den Advokatenweg führt in westlicher Richtung durch grobes Blockwerk. Nach einem steilen Zwischenstück queren Sie hinüber bis unter die Kuchenspitze. Den Abzweig des Ludwig-Dürr-Weges ❺ ignorieren Sie und wandern in einem großen Bogen hinüber zur ⌂ Darmstädter Hütte (2.384 m).

☞ Weitere Informationen zur Darmstädter Hütte finden Sie unter A3a (S. 48).

↳ Falls Sie den Übergang abbrechen müssen, besteht nach dem Abstieg von der Kieler Wetterhütte die Möglichkeit. Hier folgen Sie dem markierten Steig in Richtung Ischgl. Sie wandern zum Vergrößsee und anschließend über steile Hänge nach Ischgl im Paznauntal. Von dort fahren Sie mit dem Bus Nr. 260 nach Landeck. Hier nimmt Sie entweder der Bus Nr. 4242 nach Pettneu mit oder Sie fahren mit der Bahn nach St. Anton und von dort mit dem Bus zurück nach Pettneu.

Die Darmstädter Hütte

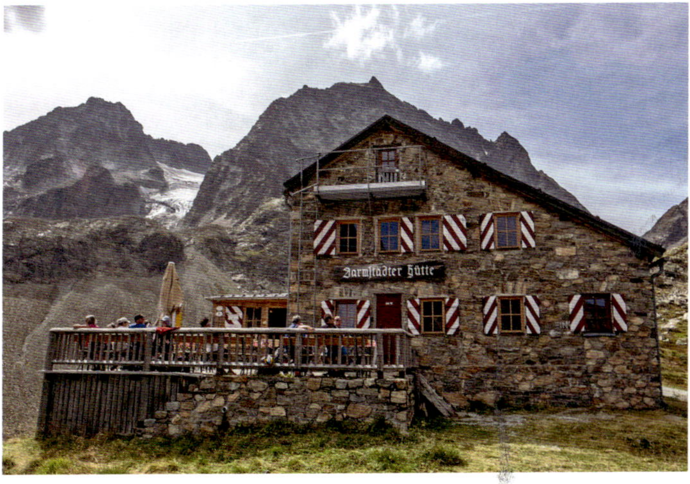

A4a. Über den Apothekerweg zur Friedrichshafener Hütte

➲ 14,3 km, ⌛ 8 Std., ↑ 1.255 m, ↓ 1.502 m, ⇧ 1.750-2.730 m

0,0 km	⇧ 2.384 m	Darmstädter Hütte
2,0 km	⇧ 2.730 m	Kuchenjöchli (Gipfelabstecher)
5,5 km	⇧ 1.750 m	Fasultal (Konstanzer Hütte)
12,3 km	⇧ 2.636 m	Schafbicheljoch
14,3 km	⇧ 2.138 m	Friedrichshafener Hütte

Der lange Übergang zu Friedrichshafener Hütte ist die deutlich einfachere Variante der beiden Wegmöglichkeiten. Wunderschöne Aussichtspunkte bieten sich am Kuchenjöchli und besonders dem Schafbicheljoch. Dann ist es auch nicht mehr weit bis zu Kaffee und Kuchen auf der herrlichen Terrasse der Friedrichshafener Hütte.

☺ Die Tagesetappe zur Friedrichshafener Hütte ist sehr lang. Wer es lieber etwas gemütlicher angehen will, teilt sie auf zwei Tage auf und übernachtet zusätzlich in der Konstanzer Hütte.

Von der Darmstädter Hütte (2.384 m) wandern Sie über den Apothekerweg in Richtung Kuchenjöchli (2.730 m) ❶. Früher musste man, um das Joch

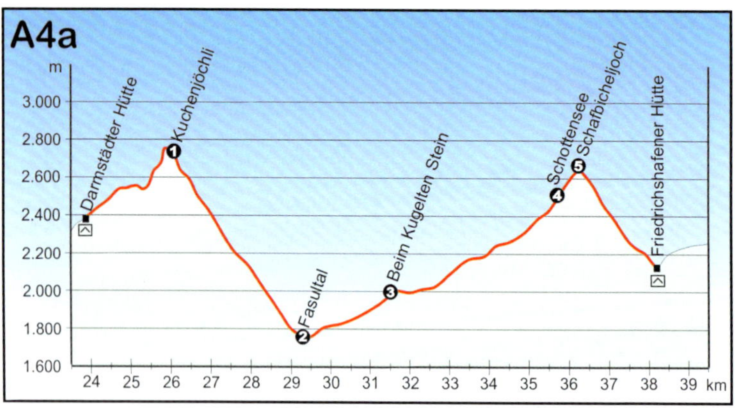

A4a/4b

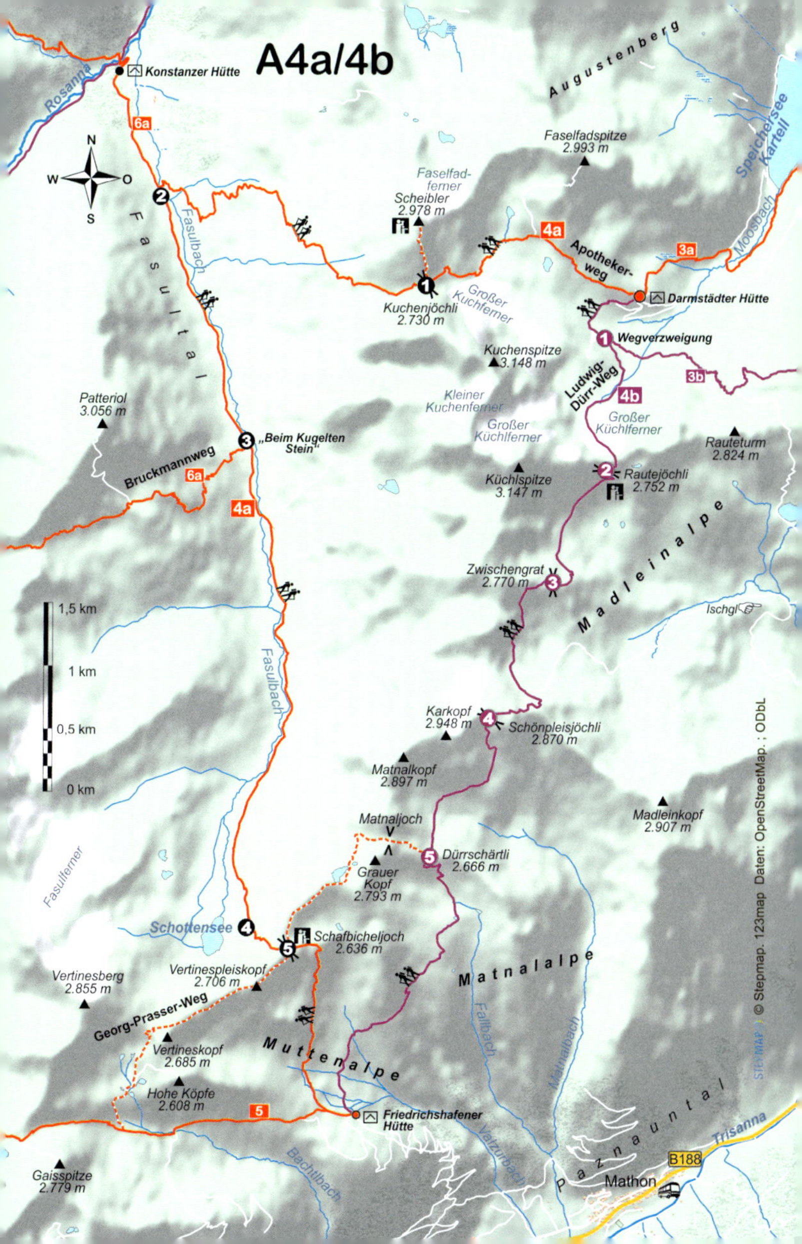

Konstanzer Hütte
Rosanna
Augustenberg
Speichersee Kartell
Faselfadspitze
2.993 m
Faselfad-ferner
Scheibler
2.978 m
4a
Apotheker-weg
3a
Moosbach
Darmstädter Hütte
Kuchenjöchli
2.730 m
Großer Kuchferner
Wegverzweigung
Kuchenspitze
3.148 m
Ludwig-Dürr-Weg
3b
4b
Fasultal
Fasulbach
6a
Patteriol
3.056 m
„Beim Kugelten Stein"
Bruckmannweg
Kleiner Kuchenferner
Großer Küchlferner
Rauteturm
2.824 m
Rautejöchli
2.752 m
Küchlspitze
3.147 m
Madleinalpe
Zwischengrat
2.770 m
Ischgl
1,5 km
1 km
0,5 km
0 km
Karkopf
2.948 m
Schönpleisjöchli
2.870 m
Matnalkopf
2.897 m
Madleinkopf
2.907 m
Matnaljoch
Dürrschärtli
2.666 m
Grauer Kopf
2.793 m
Fasulferner
Schottensee
Schafbicheljoch
2.636 m
Vertinespleiskopf
2.706 m
Vertinesberg
2.855 m
Georg-Prasser-Weg
Matnalalpe
Muttenalpe
Vertineskopf
2.685 m
Hohe Köpfe
2.608 m
Fallbach
Matnalbach
5
Friedrichshafener Hütte
Valzurbach
Bachtlbach
Paznauntal
Trisanna
B188
Mathon
Gaisspitze
2.779 m
© Stepmap. 123map Daten: OpenStreetMap ; ODbL

zu erreichen, den Kuchenferner überqueren. Durch die Klimaerwärmung hat sich der Gletscher aber zurückgezogen, sodass er nicht mehr betreten wird. Der Steig verläuft in einem Bogen nach rechts. Das Kuchenjöchli erreichen Sie über drahtseilversicherte Felsstufen. Sie müssen fest den Fels anpacken und klettern entlang der Seile nach oben. Am Joch mit seinem großen Steinmann angekommen, können Sie erst einmal verschnaufen und den Blick hinüber zum mächtigen Patteriol bewundern. Sie können auch zurück zur Darmstädter Hütte blicken, die von hier wie ein Spielzeughäuschen aussieht.

Gipfelabstecher: Auf den Scheibler

1 km, 1 Std. 30 Min., ↑ 236 m, ↓ 236 m, ⇧ 2.730-2.978 m

0,0 km	⇧ 2.730 m	Kuchenjöchli
0,5 km	⇧ 2.978 m	Scheibler
1,0 km	⇧ 2.582 m	Kuchenjöchli

Wer am Kuchenjöchli früh genug dran ist und noch deutlich Kondition übrighat, macht sich auf zum Gipfel des Scheibler. Uns begrüßte im oberen Teil ein Steinbock in nächster Nähe, da er uns, als wir um die Ecke kamen, wohl erst sehr spät gehört hatte.

Der Scheibler (2.978 m) steht verlockend nahe über dem Kuchenjöchli. Zudem handelt es sich noch um einen Panoramaberg mit spektakulärem Blick auf den Patteriol. Im alten Alpenvereinsführer liest man, dass Sie von hier die großartigste Aussicht des gesamten Verwalls haben.

Die knapp 250 Höhenmeter sollten Sie allerdings nicht unterschätzen – der Gipfelgrat zieht sich ordentlich in die Länge. Bei einer Besteigung des Gipfels empfiehlt es sich, die Etappe durch eine Übernachtung in der Konstanzer Hütte aufzuteilen.

Vom Kuchenjöchli (2.730 m) schickt die rote Markierung den Wanderer Richtung Gipfel bergauf. Sie steigen steil über rutschiges Gelände bergauf und queren teils ausgesetzt nach Westen. Kurz kraxeln Sie bergab und kommen hier häufig an ein Schneefeld. Sie müssen nun vorsichtig wieder bergauf steigen, bis Sie endlich den Grat erreichen. Über den breiten Blockgrat kraxeln Sie immer in nördlicher Richtung bis zum Gipfel hinauf. Am Gipfel (2.978 m) des Scheibler mit dem kleinen Kreuz können Sie sich vorsichtig niederlassen und das traumhafte Panorama, das von keinem Berg außer der hinter Ihnen liegenden Kuchenspitze verdeckt wird, bewundern.

Nach der Pause steigen Sie vorsichtig am Anstiegsweg zurück zum Kuchenjöchli und ☞ wie weiter unten beschrieben weiter zur ⌂ Konstanzer Hütte.

Auf der Westseite des Joches führt der Steig steil über Geröll bergab. Ab 2.200 m Höhe zieht sich der Weg nach Norden, bevor er dann über freie Hänge steil hinunter ins Fasultal ❷ führt.

↳ Für eine Übernachtung in der ⌂ Konstanzer Hütte wandern Sie durch das Tal talauswärts bis zur Hütte. Dazu haben Sie zwei Möglichkeiten: Entweder gehen Sie kurz vor dem Fasulbach nach rechts auf einen Steig oder Sie überqueren den Bach und biegen danach in den breiten Forstweg nach rechts ein. Beide Wege bringen Sie nach kurzer Zeit direkt vor die große Hütte.

☞ Weitere Informationen zur Konstanzer Hütte finden Sie unter A6a.

Falls Sie die Etappe in einem Stück durchziehen möchten, biegen Sie nach links auf den breiten Forstweg ab und wandern in südlicher Richtung durch das

Im schönen Fasultal

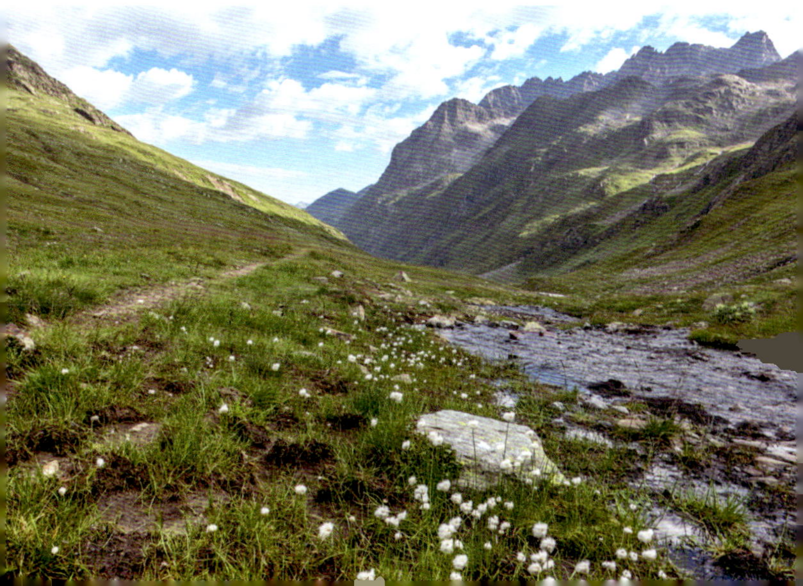

Fasultal. Sie folgen dem breiten Schotterweg taleinwärts bis zur Wasserfassung. Auf der Höhe von 1.900 m geht er in einen Steig über. Wenig später zweigt „Beim Kugelten Stein" ❸ der Weg über das Wannenjöchli, den Sie ignorieren, nach rechts ab. Ihr Weg führt dagegen weiter zur ☒ Fasulhütte und immer auf der östlichen Bachseite bis in den einsamen Talgrund. Sie kommen zum schön gelegenen Schottensee ❹ und steigen über kleine Geländestufen hinauf ins Schafbicheljoch (2.636 m) ❺, von dem Sie eine herrliche Aussicht nach Süden genießen können. Vom Joch wandern Sie über Schotter und Grashänge hinunter zur idyllisch gelegenen Friedrichshafener Hütte (2.138 m).

Friedrichshafener Hütte, DAV-Sektion Friedrichshafen, Pächter: Wolfram Walter, ☏ +43 676/79 08 56, hotel.birkhahn@aon.at, Ende Juni bis Ende Sept, Ü für Erwachsene € 11 (DAV-Mitglied) bzw. € 22 (Nicht-DAV-Mitglied) im Zimmerlager. Im Matratzenlager und für Kinder und Jugendliche ist die Übernachtung günstiger. Die genaue Aufstellung finden Sie auf der Homepage www.dav-fn.de/verein-12/fnhuette/infos-fnhuette.

Die Friedrichshafener Hütte liegt an den Südhängen des Verwalls oberhalb des Paznauntals. Die DAV-Sektion Friedrichshafen hat die Hütte 1924 von der Sektion Konstanz erworben. Ein Wirt aus der Gemeinde Mathon hatte die Hütte 1908 ursprünglich als Gastwirtschaft mit Badehäuschen gebaut. Bis zur Übernahme durch die Sektion Friedrichshafen hieß sie nach ihrem Erbauer Kathrein-Hütte.

Von der Hütte genießen Sie einen wunderbaren Ausblick nach Süden über das Tal bis in die Silvretta. Direkt neben der Hütte liegt ein wunderschöner See, in dem sogar Forellen schwimmen. Sie dürfen sich hier gerne ein kaltes Bad gönnen, manch Wanderer hat extra dafür Badekleidung im Gepäck.

Die Friedrichshafener Hütte ist Teil des kulinarischen Jakobsweges. Auf fünf Hütten im Paznauntal präsentieren fünf internationale Starköche ihre Menüs.

www.ischgl.com/de/events/sommer-highlights/kulinarischer-jakobsweg

Ein möglicher Abbruch von der Friedrichshafener Hütte führt nach Süden ins Paznauntal. Der steile Wanderweg kürzt die Schotterstraße ab, die die Hütte mit dem Tal verbindet. Sie wandern hinunter bis nach Mathon. Von dort können Sie mit dem Bus Linie 260 nach Landeck fahren und dann weiter mit der Linie 4242 zurück nach Pettneu am Arlberg.

A4b. Über den Ludwig-Dürr-Weg zur Friedrichshafener Hütte

➲ *9,7 km, ⌛ 6 Std. 30 Min., ↑ 880 m, ↓ 1.127 m, ⇧ 2.138-2.896 m*

0,0 km	⇧ 2.384 m	Darmstädter Hütte
2,0 km	⇧ 2.752 m	Rautejöchli
6,7 km	⇧ 2.666 m	Dürrschärtli
9,7 km	⇧ 2.138 m	Friedrichshafener Hütte

Die Königsetappe für erfahrene Bergsteiger ist der Ludwig-Dürr-Weg. Er fordert Sie als Geübten technisch und konditionell ein wenig, aber besonders Ihre Fähigkeit, sich zu konzentrieren wird bis zuletzt geprüft. Belohnt werden Sie mit spektakulären Ausblicken in dieser wilden und einsamen Bergwelt. Uns sind den gesamten Tag keine Menschen begegnet und auch die Spuren im Altschnee ließen darauf schließen, dass wir die einzigen Begeher waren.

Der direkte Übergang von der Darmstädter Hütte zur Friedrichshafener Hütte über den Ludwig-Dürr-Weg ist eine wirklich anspruchsvolle und lange Bergunternehmung. Sie benötigen für die Überquerung des Gletschers unbedingt Steigeisen, wenn dieser blank ist.

Aufgrund des Gletscherrückganges ist der Weg in den letzten Jahren deutlich anspruchsvoller geworden und kann nur noch erfahrenen Berggängern empfohlen werden. Wenn Sie diesem Übergang gewachsen sind, sollten Sie ihn unbedingt nur in Richtung von der Darmstädter Hütte zur Friedrichshafener Hütte angehen. Der Übergang vom Rautejöchli zum Gletscher hinunter ist bergab deutlich schwerer als bergauf. Mit der beschriebenen Variante meistern Sie die schwierigste Stelle des Weges bergauf und am Beginn Ihrer Tour.

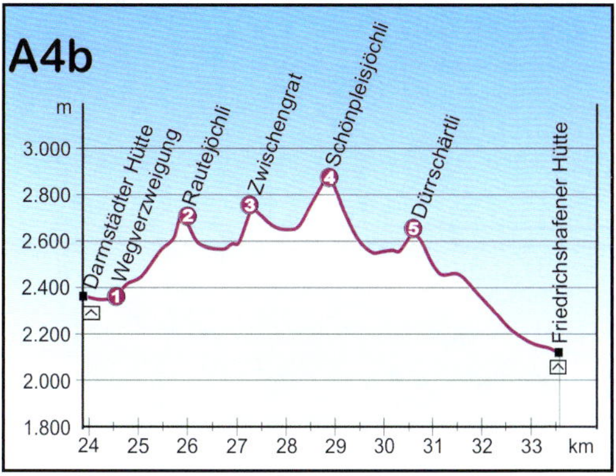

Sie wandern von der ⌂ Darmstädter Hütte (2.438 m) ein Stück zurück in Richtung Schneidjöchli. An der Wegverzweigung ❶ verlassen Sie den Advokatenweg und folgen dem Wegweiser „Ludwig-Dürr-Weg“ über Blockwerk bis zum Küchlferner. Der kleine Gletscher erfordert häufig Leichtsteigeisen und ein Eispickel kann hilfreich sein. Ziel ist eine Stange im Grat oberhalb des Gletschers. Über den Gletscher gehen Sie zu einer vom Grat herunterziehenden Felsrippe. Gletscher, Felsrippe und Stange sind auch von der Hütte gut zu sehen, sodass Sie sich bereits am Vorabend den Zustieg ansehen können. Sepp Schnürer beschreibt in seinem inzwischen vergriffenen Führer „Ötztaler Alpen – Silvretta – Ferwall“ von 1990 noch, dass der Gletscher bis in Rautejöchli hinaufreicht. Das wäre zwar wünschenswert, ist aufgrund der Klimaerwärmung und des Rückgangs der Gletscher aber leider schon lange nicht mehr der Fall.

Der Übertritt vom Gletscher auf die Felsen ist sehr steil und teilweise ziemlich unangenehm, da Sie vom Gletscher weg ohne Versicherungen klettern müssen. Zudem ist das Gelände oberhalb des Gletschers ziemlich brüchig und erfordert entsprechende Vorsicht. An den Felsen entlang leiten Sie Markierungen, die aber nicht immer eindeutig sind. Über Felsen und teils sehr steiles Schuttgelände arbeiten Sie sich bergauf. Sind Sie erst einmal oben im Rautejöchli (2.752 m) ❷, können Sie etwas durchatmen. Denn die schwierigste Stelle des gesamten Weges ist geschafft. Genießen Sie die Aussicht – besonders nach Süden. Sie bekommen auch einen kurzen Einblick in den Weiterweg.

Toller Blick nach Süden zur Silvretta

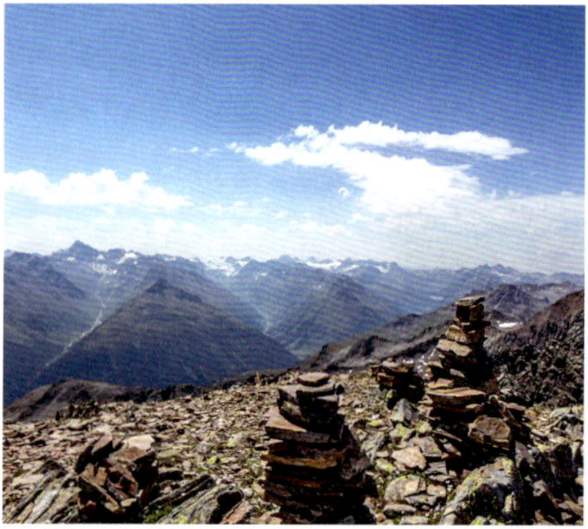

Hier oben befinden Sie sich an dem ersten von vier wichtigen Wegpunkten am Ludwig-Dürr-Weg: Das Rautejöchli ist die erste Station, darauf folgen der Zwischengrat (2.770 m), das Schönpleißjöchli (2.870 m) und das Dürrschärtli (2.666 m). Alle Punkte sind recht auffällig und zusätzlich noch mit einer Stange gekennzeichnet, die zueinander in Sichtweite sind.

Lassen Sie sich jetzt nicht von den neuen Markierungen auf die Rauteköpfe verleiten. Der Ludwig-Dürr-Weg ist noch weit und teilweise richtig anspruchsvoll und ausgesetzt. Daher gehen Sie am besten nach einer Rast direkt weiter. Es folgt nun ein steiler Abstieg in ein Kar, das Sie in einem weiten Bogen durchqueren. Am Ende des Kares erwartet Sie der Aufstieg auf einen Felsrücken, den Zwischengrat (2.770 m) ❸, der vom Nördlichen Schönpleiskopf nach Osten herabzieht.

Nach einem Zwischenabstieg erreichen Sie den kleinen Gletscherrest des Madleiner Ferners. Hier sind die Markierungen ziemlich undeutlich. Die Abzweigung nach Ischgl ignorieren Sie und steigen wieder zu einem Rücken hinauf. Sollten Sie den Weiterweg am Gletscherrest bzw. Schneefeld nicht erkennen, wenden Sie sich relativ eben nach Südosten. Wenn Sie die Augen offen halten, sehen Sie Steinmännchen, die den Zustieg von Ischgl aus markieren. Den Steinmännchen und Markierungen folgen Sie dann entlang einer Felsrippe bergauf und treffen an einem Wegkreuz wieder auf den Ludwig-Dürr-Weg.

➯ Müssen Sie die Tour am Gletscherrest oder an der Wegkreuzung aufgrund des Wetters oder konditioneller Probleme abbrechen, können Sie hier nach Ischgl hinuntergehen. Sie wandern zu Beginn von den Steinmännchen geleitet auf dem Steig bis zu einem Forstweg, den Sie in der Folge immer wieder abkürzen. Nur die letzten Meter nach Ischgl müssen Sie auf dem breiten Weg zurücklegen. Von Ischgl können Sie mit dem Bus Linie 260 durch das Paznauntal nach Landeck fahren und von dort weiter mit der Linie 4242 zurück nach Pettneu am Arlberg.

Nach der Wegkreuzung steigen Sie weiter bergauf bis zu einem Plateau in der Nähe des Karkopfes ❹ (Bezeichnung Schönpleißjöchli mit 2.870 m). Hier erwarten Sie bereits eine große Gruppe Steinmänner verschiedener Größen. Nach einer kurzen Rast bei herrlicher Aussicht steigen Sie wieder einmal bergab. Jetzt steuern Sie einen großen Stein an, auf dem sich eine weithin sichtbare Markierung befindet.

Unterhalb des Steins zieht der Ludwig-Dürr-Weg weiter. Es folgt eine lange Querung im Auf und Ab, bis Sie zuletzt oft über Schnee im Dürrschärtli (2.666 m) ❺ ankommen. Hier können Sie sich nochmals eine Rast gönnen und auf den weiten Weg zurückblicken. Jetzt haben Sie nämlich den größten und anspruchsvollsten Teil hinter sich. Der Steig bringt Sie weiter bergab zu einem idyllisch gelegenen See und weiter zu einer Felsnase. An dieser gehen Sie vorbei und wandern weiter über weite Wiesenhänge immer bergab bis zur ⌂ Friedrichshafener Hütte (2.138 m), an der Sie sich nun ein kühles Erfrischungsgetränk verdient haben.

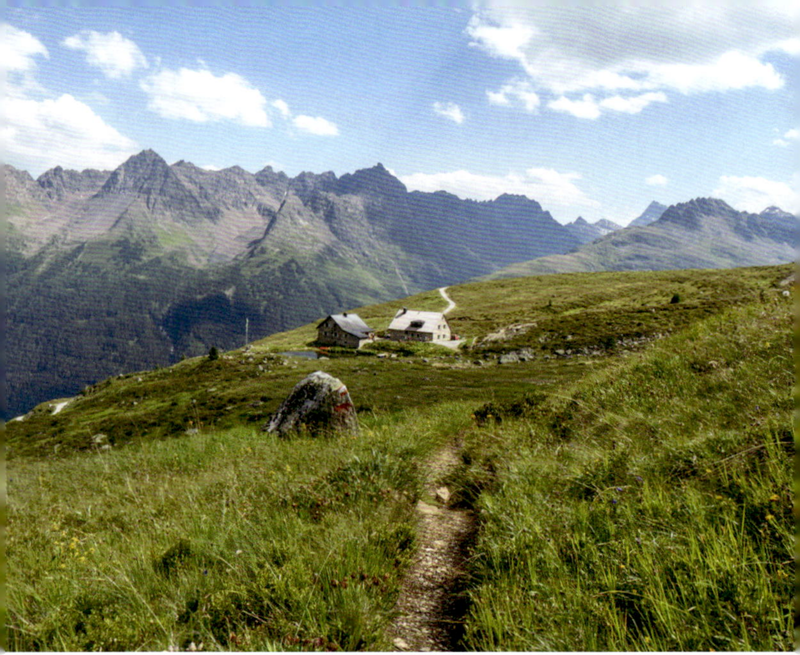

Auf dem Weg zur Friedrichshafener Hütte

☞ Weitere Informationen zur Friedrichshafener Hütte finden Sie unter A4a (S. 54).

Der Weg ist benannt nach Dr. Ludwig Dürr, dem ehemaligen Technischen Direktor der Luftschiff Zeppelin GmbH. Er wurde 1878 in Stuttgart geboren und starb 1956 in Friedrichshafen. Berühmt wurde er als Konstrukteur von Luftschiffen. Von 1920 bis 1945 war er Vorsitzender des Alpenvereins Friedrichshafen.

Da es keine Verbindung zwischen der Darmstädter Hütte und der Friedrichshafener Hütte gab, hatte Dürr die fixe Idee, genau so eine zu erschaffen. Mit einem Bergfreund kundschaftete er die Tour aus. Ein Wilderer, der sehr vertraut mit dem Gelände war, erschrak jedoch bei der Wahl des Weges. Dürrs Planungen führten durch ein Gebiet, in dem häufig Lawinen abgingen, weshalb Wanderer bei Schneelage schon in gefährdetem Bereich unterwegs gewesen wären. Also suchten sie nach einer neuen Möglichkeit und legten schließlich den Wegverlauf des heutigen Ludwig-Dürr-Weges fest. Damals war der Übertritt auf den Großen Küchlferner deutlich problemloser als heute.

A5. Über den Friedrichshafener Weg zur Neuen Heilbronner Hütte

⮌ *7,3 km, ⌛ 3 Std. 30 Min., ↑ 642 m, ↓ 481 m, ⇧ 2.138-2.639 m*

0,0 km	⇧ 2.138 m	Friedrichshafener Hütte ⌂
3,1 km	⇧ 2.620 m	Muttenjoch
7,3 km	⇧ 2.320 m	Neue Heilbronner Hütte ⌂

Die heutige Etappe der Verwallrunde ist verhältnismäßig kurz und daher ganz gut zur Erholung und zum Genuss der Landschaft gedacht. Dafür gibt es ein wenig Aussicht am Muttenjoch. Schöner ist es aber, wenn Sie Ihre Kraft und Kondition ein wenig zusammennehmen und noch den Abstecher zur Gaisspitze angehen. Denn es wäre ja zu schade, auf dieses Panorama zu verzichten.

Von der ⌂ Friedrichshafener Hütte (2.138 m) wandern Sie in westlicher Richtung zu einer Wegteilung ❶. Hier gehen Sie geradeaus weiter durch ein Hochtälchen bis ins Muttenjoch (2.620 m) ❷.

☞ Jetzt lohnt sich ein kurzer Abstecher zur Gaisspitze (2.779 m). Der Gipfelanstieg erfordert allerdings absolute Trittsicherheit. Es geht über Felsgelände, zuletzt ziemlich steil zum Gipfel. Am Gipfel können Sie rasten und die grandiose Aussicht nach Süden bewundern. Ausgeruht machen Sie sich an den Abstieg.

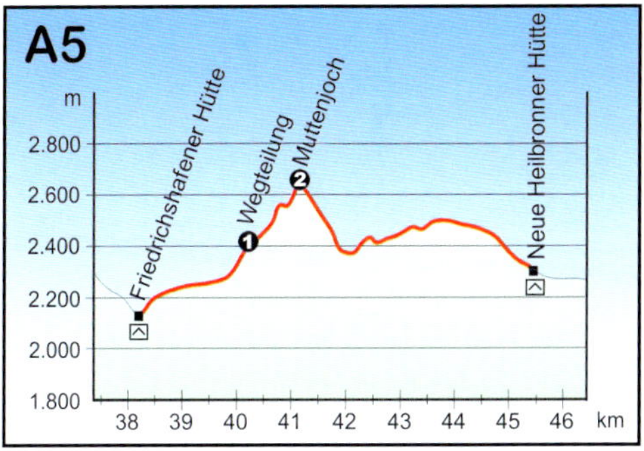

Zurück am Joch fällt der Weg deutlich ins Ochsental ab. Nach der Überquerung des Rosannabaches ❸ erwartet Sie die ansteigende Hangquerung zum Nordrücken des Jöchligrates. Von hier ist es nicht mehr weit bis zur gemütlichen ⌂ Neuen Heilbronner Hütte (2.320 m), die wunderschön am Verbellner Winterjöchl liegt. Neben der Hütte befinden sich die beiden Scheidseen.

Neue Heilbronner Hütte, DAV-Sektion Heilbronn, Pächter: Manfred Immler, ☏ +43 664/180 42 77, info@heilbronnerhuette.at, www.heilbronner-huette.at, Ende Juni bis Ende Sept, Ü für Erwachsene € 13,50 (DAV-Mitglied) bzw. € 27 (Nicht-DAV-Mitglied) im Zimmerlager. Im Matratzenlager und für Kinder und Jugendliche ist die Übernachtung günstiger. Die genaue Aufstellung können Sie der Homepage entnehmen.

Die ursprüngliche Heilbronner Hütte stand in Südtirol in den Ötztaler Alpen. Nach dem Ersten Weltkrieg wurde die Hütte enteignet und brannte schließlich 1932 ab. Im Oktober 1926 erfolgte die Grundsteinlegung für die Neue Heilbronner Hütte im Verwall. Initiator des Neubaus war der erste Vorsitzende der Sektion, Peter Bruckmann. Nach ihm wurde der Bruckmannweg benannt, der die Neue Heilbronner Hütte mit der Konstanzer Hütte verbindet. Inzwischen wurde die Hütte mehrfach erweitert. Hüttenwirt auf der Neuen Heilbronner Hütte ist die Familie Immler, die schon seit 42 Jahren auf der Hütte ist.

Eine Abstiegsmöglichkeit bei Schlechtwetter von der Neuen Heilbronner Hütte ist unter B1 (S. 81) beschrieben, allerdings in umgekehrter Richtung.

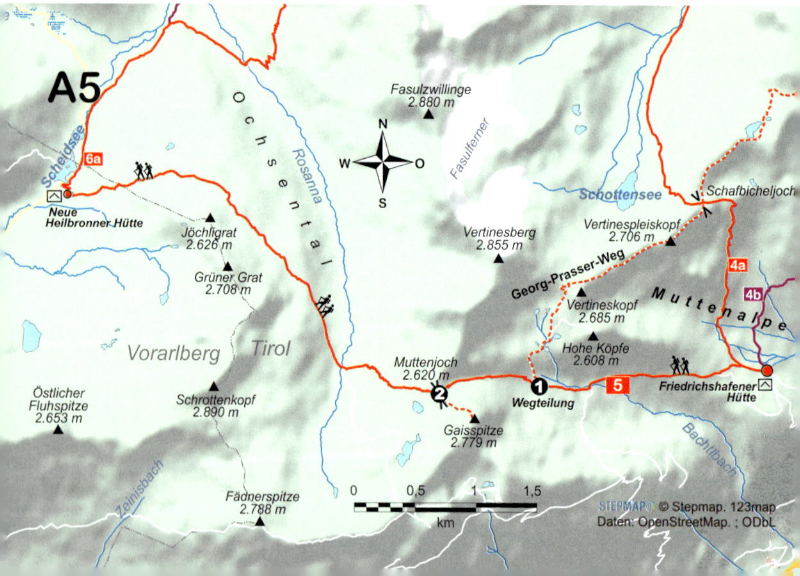

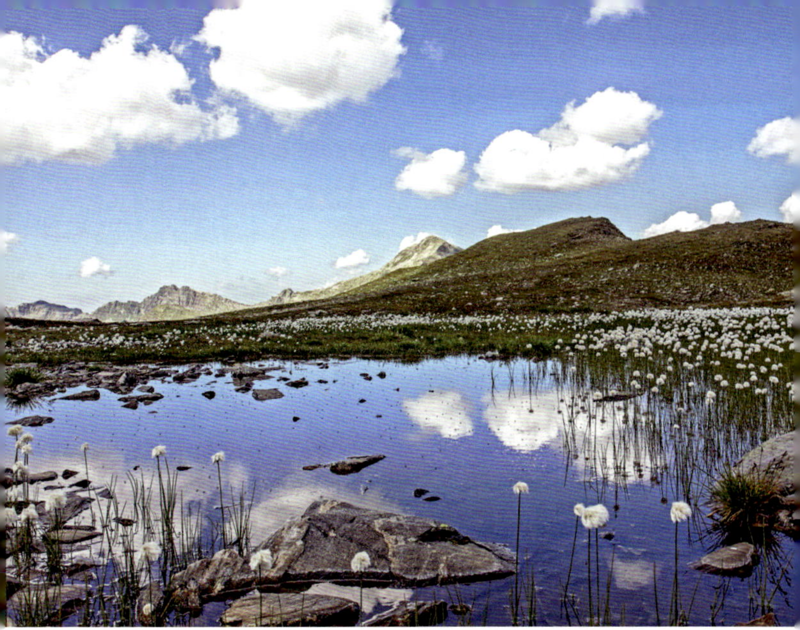

Schöner See am Georg-Prasser-Weg (📷 Helmut Kober)

Zusätzliche Rundtour: Der Georg-Prasser-Weg

9,2 km, 6 Std., ↑ 832 m, ↓ 832 m, ⇧ 2.138-2.760 m

0,0 km	⇧ 2.138 m	Friedrichshafener Hütte
2,0 km	⇧ 2.380 m	Abzweig Georg-Prasser-Weg
3,0 km	⇧ 2.685 m	Vertineskopf
3,9 km	⇧ 2.706 m	Vertinespleiskopf
4,4 km	⇧ 2.636 m	Schafbicheljoch
5,9 km	⇧ 2.666 m	Dürrschärtli
9,2 km	⇧ 2.138 m	Friedrichshafener Hütte

Der Georg-Prasser-Weg ist eine lohnende Variante für einen zusätzlichen Tag auf der Friedrichshafener Hütte. Die Tour kann in einen westlichen und östlichen Teil eingeteilt werden. Wer einen Tag Zeit hat, kann aber die ganze Runde angehen.

Der Georg-Prasser-Weg ist nicht besonders schwierig, erfordert aber an der einen oder anderen Stelle schon etwas Trittsicherheit. Beeindruckend ist die Sicht nach Westen zu den Gletschern unter der Vollandspitze. Mit etwas Glück treffen Sie hier auf eine Steinbockkolonie, die zwischen den Felsen lebt.

Von der Friedrichshafener Hütte (2.138 m) wandern Sie auf dem Weg in Richtung Neue Heilbronner Hütte bis zum Abzweig des Georg-Prasser-Weges ❶. Der Steig führt an ein paar kleinen Seeaugen vorbei und hinauf zum Vertineskopf (2.685 m) ❷. Über den blockigen Grat wandern Sie zum Vertinespleiskopf (2.706 m) ❸. Es empfiehlt sich eine kurze Gipfelrast, bevor Sie weiter zum Schafbicheljoch (2.636 m) ❹ gehen. Hier könnten Sie wieder direkt zur Friedrichshafener Hütte absteigen.

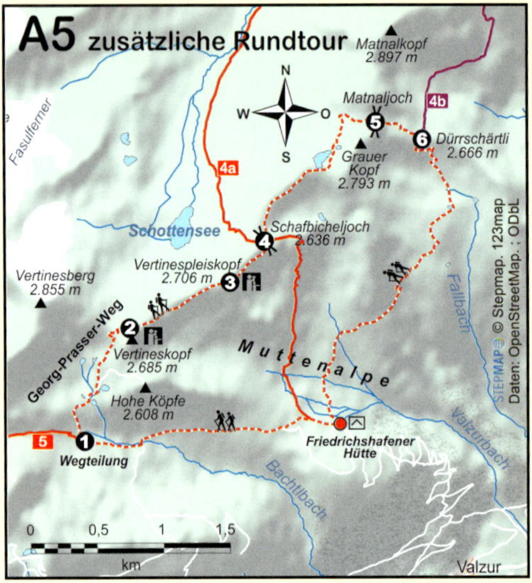

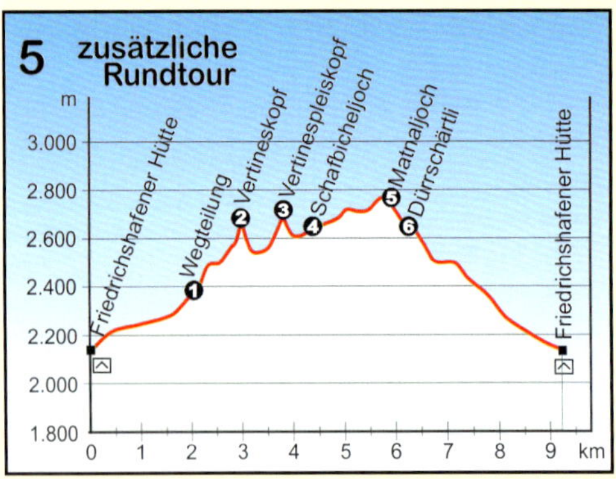

Passen Wetter und körperliche Verfassung lohnt es sich natürlich, weiterzugehen. Nach einem weiteren Gratabschnitt kommen Sie zu einem schönen See, der westlich unter dem Grauen Kopf liegt. Es folgt ein kurzer Gegenanstieg zum Matnaljoch ❺, von dem Sie noch einmal die schöne Aussicht genießen können. Nun wenden Sie sich nach rechts und steigen hinunter zum Dürrschärtli (2.666 m) ❻. Auf dem letzten Abschnitt des Ludwig-Dürr-Weges wandern Sie hinunter zur Friedrichshafener Hütte (2.138 m).

A6a. Über den Bruckmannweg zur Konstanzer Hütte

➲ *11,8 km, ⌛ 4 Std., ↑ 607 m, ↓ 1.219 m, ⇧ 1.688-2.633 m*

0,0 km	⇧ 2.320 m	Neue Heilbronner Hütte
5,9 km	⇧ 2.633 m	Wannenjöchli
8,5 km	⇧ 2.000 m	Beim Kugelten Stein
11,8 km	⇧ 1.688 m	Konstanzer Hütte

Der Bruckmannweg führt durch eine wunderbare Landschaft bis an den Fuß des mächtigen Patteriols. Der eindrucksvolle Gipfel ist leider nicht für Wanderer geeignet. Aber auch ein Bewundern aus der Ferne ist wunderschön. Sie passieren am Anstieg zum Wannenjöchli den kleinen Wannensee und steigen hinunter ins Fasultal, das Sie bereits von der 4. Etappe kennen.

Die Rosanna am Ende des Bruckmannweges (📷 Helmut Kober)

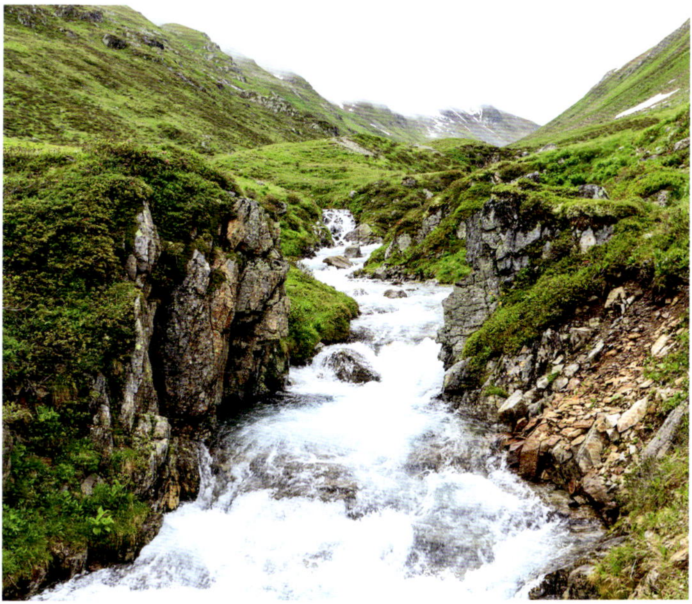

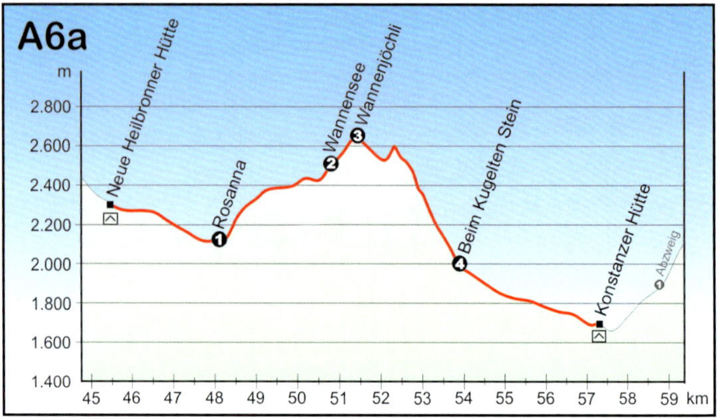

Peter Bruckmann aus Heilbronn, nach dem der Bruckmannweg benannt ist, wurde 1898 zweiter Vorsitzender in der Sektion Heilbronn, 1900 dann erster Vorsitzender. 1929 wurde der Bruckmannweg eingeweiht, an dem sich die Bruckmann-Brücke befindet. Im Sommer 1933 trat Peter Bruckmann aufgrund einer Krankheit von seinem Amt zurück.

Von der ⌂ Neuen Heilbronner Hütte (2.320 m) wandern Sie an den Scheidseen vorbei in Richtung Schönverwalltal. Der Weg führt hinunter bis zur Rosanna ❶, die Sie auf einer Brücke überqueren. Hier biegt der Bruckmannweg nach rechts ab und führt in einem Bogen in Richtung Patteriol. Der Weg bringt Sie hinauf zum schön gelegenen Wannensee ❷, von dem es noch ein letzter Anstieg zum Wannenjöchli (2.633 m) ❸ ist. Hier heißt es kurz rasten, bevor der steile Abstieg ins Fasultal folgt. Zuerst erwartet Sie eine Querung unterhalb des Wannenkopfes und danach meistern Sie einen kurzen Gegenanstieg zu einem Rücken, dem sogenannten „Marendplatz". Hier ist auch der Einstieg zum mächtigen Patteriol, einem der eindrucksvollsten Gipfel des Verwalls. Der Anstieg ist aber nur den erfahrenen Bergsteigern vorbehalten, da Kletterstellen des Schwierigkeitsgrads II ungesichert und ausgesetzt bewältigt werden müssen. Daher widmen Sie sich besser dem weiteren Abstieg in Richtung ⌂ Konstanzer Hütte. Vom Rücken zieht der Weg steil hinunter ins Fasultal, das Sie „Beim Kugelten Stein" ❹ erreichen. Im Tal wandern Sie weiter nach Norden und auf dem breiten Weg bis zur ⌂ Konstanzer Hütte (1.688 m).

Konstanzer Hütte, DAV-Sektion Konstanz, Pächter: Anita und Werner Hellweger, ☏ +43 664/73 62 18 16, info@konstanzerhuette.com, www.konstanzerhuette.com, Ende Juni bis Anfang Okt, Ü für Erwachsene € 13 (DAV-Mitglied) bzw. € 26 Nicht-DAV-Mitglied) im Zimmerlager. Im Matratzenlager und für Kinder und Jugendliche ist die Übernachtung günstiger. Die genaue Aufstellung finden Sie auf der Homepage www.konstanzerhuette.com/de/preise.html.

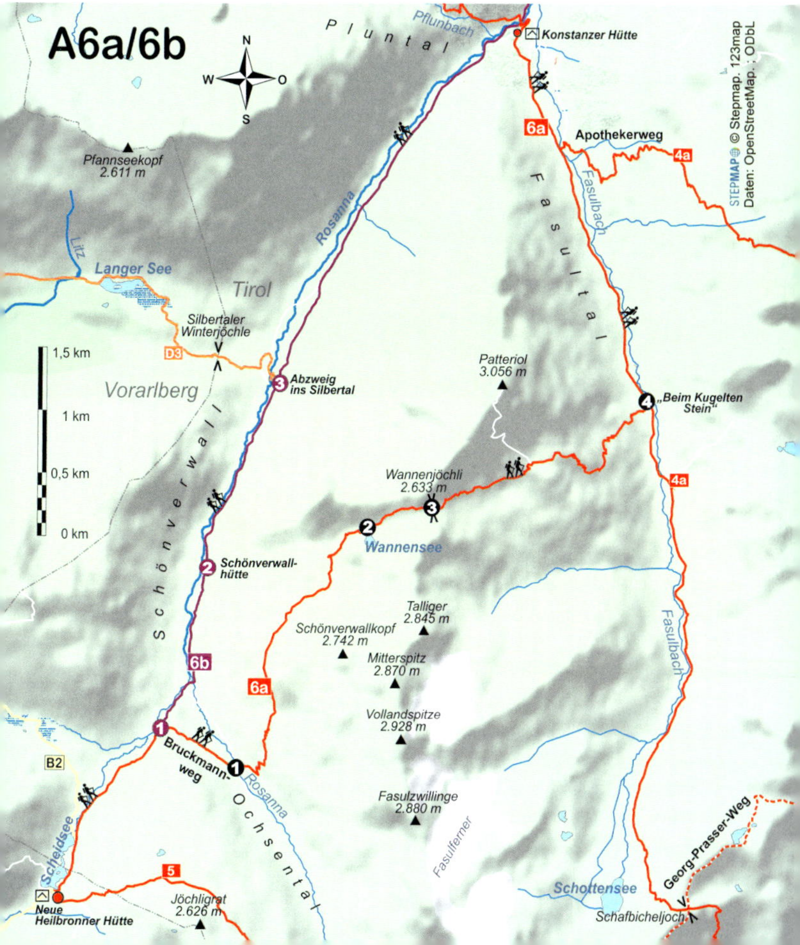

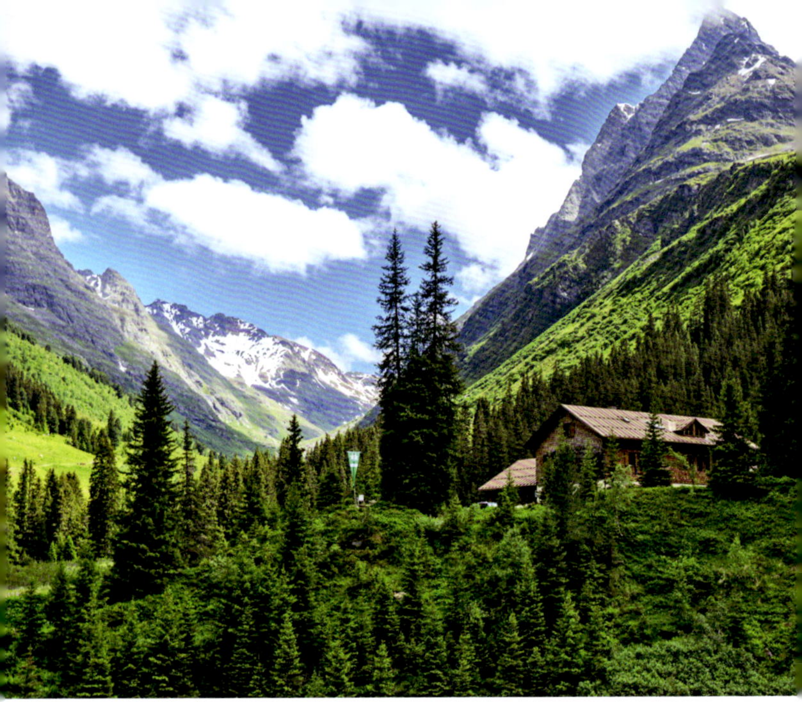

Die Konstanzer Hütte mit dem Patteriol
(📷 Helmut Kober)

Die erste Konstanzer Hütte wurde 1885 erbaut. Nach Erweiterungen und Renovierungen in den Jahren 1963 und 1981 war die Hütte in einem sehr guten Zustand, als sie 1988 von Muren (Schlammströme) zerstört wurde. Daher musste die Sektion Konstanz einen neuen Standort für die Hütte suchen. So entstand in den Jahren 1989/90 etwas talauswärts ein stattlicher Neubau. Die Hütte ist ein beliebtes Ziel für Wanderer und Fahrradfahrer.

Müssen Sie die Tour hier abbrechen, so wandern Sie von der Konstanzer Hütte durch das Verwalltal nach St. Anton am Arlberg. Unterwegs kommen Sie an der Rosannaschlucht vorbei, die einen Besuch wert ist, allerdings nicht bei schlechtem Wetter.

Wer den Abstieg abkürzen will, der wandert nur bis zur Salzhütte und steigt dort in den Linienbus (Linie 6) und lässt sich hinunter nach St. Anton fahren.

A6b. Durch das Schönverwalltal zur Konstanzer Hütte

➲ 8,7 km, ⌛ 2 Std. 30 Min., ↑ 0 m, ↓ 614 m, ⇧ 1.688-2.320 m

0,0 km	⇧ 2.320 m	Neue Heilbronner Hütte ⌂
8,7 km	⇧ 1.688 m	Konstanzer Hütte ⌂

Wem der Bruckmannweg über das Wannenjöchli zu lang ist, der kann direkt durch das Schönverwalltal zur Konstanzer Hütte wandern. Der mächtige Patteriol ist der alles beherrschende Berg über der Konstanzer Hütte. So beeindruckend er ist, für den normalen Wanderer ist er einfach zwei Kategorien zu schwer. Die heutige Etappe ist eine absolute Erholungstour, die Sie sich nach fünf harten Bergtagen auch redlich verdient haben.

Sie spazieren wie bei der Etappe A6a von der ⌂ Neuen Heilbronner Hütte (2.320 m) hinunter ins Schönverwalltal und ignorieren den Abzweig des Bruckmannweges ❶. Sie folgen dem Steig entlang der Rosanna talauswärts. Bei der Schönverwallhütte ❷ wird dieser zu einem breiten Schotterweg und führt unterhalb des mächtigen Patteriols talauswärts.

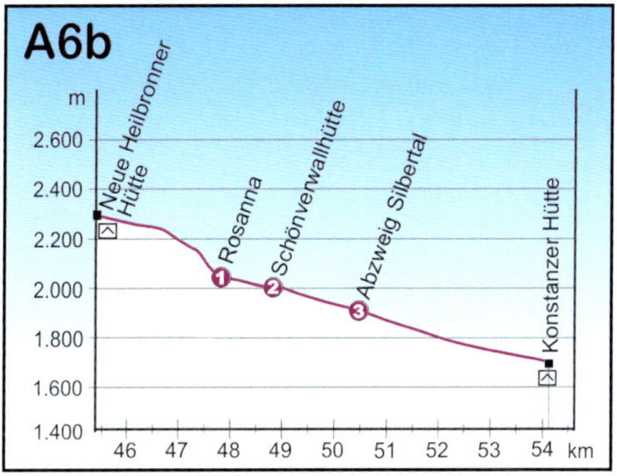

Den Abzweig ins Silbertal ❸ lassen Sie links liegen und wandern weiter bis zur ⌂ Konstanzer Hütte (1.688 m), die sich am Schnittpunkt von Fasultal und Schönverwalltal befindet.

☞ Weitere Informationen zur Konstanzer Hütte finden Sie unter A6a (S. 67).

A7a. Über den Reutlinger Weg zur Kaltenberghütte

9,2 km, 6 Std. 30 Min., ↑ 1.220 m, ↓ 805 m, ⇧ 1.688-2.650 m

0,0 km	⇧ 1.688 m	Konstanzer Hütte
3,4 km	⇧ 2.573 m	Gstansjöchli
6,0 km	⇧ 2.650 m	Krachelscharte
9,2 km	⇧ 2.089 m	Kaltenberghütte

Verlockend ist es, von der Konstanzer Hütte durch das Verwalltal nach St. Anton am Arlberg zu wandern und die gesamte Verwallrunde etwas abzukürzen. Das wäre aber schade, da Sie dann die Kaltenberghütte verpassen. Die Alpenvereinshütte der Reutlinger Sektion liegt wunderbar aussichtsreich über dem Klostertal und bietet traumhafte Sonnenuntergänge. Sie ist somit ein würdiger Abschluss für die letzte Hüttenübernachtung im Rahmen dieser großartigen Rundtour. Außerdem ist die Verwallrunde nur komplett, wenn Sie diesen Abstecher nach Vorarlberg unternehmen.

Diese Etappe führt Sie zum Gstansjöchli, an dem die Aussicht hinüber zum Scheibler und der dahinter aufragenden Kuchenspitze spektakulär ist. Den Abstecher zur Krachelspitze sollten Sie unbedingt in Angriff nehmen, da hier der Blick sogar noch schöner ist als am Gstansjöchli.

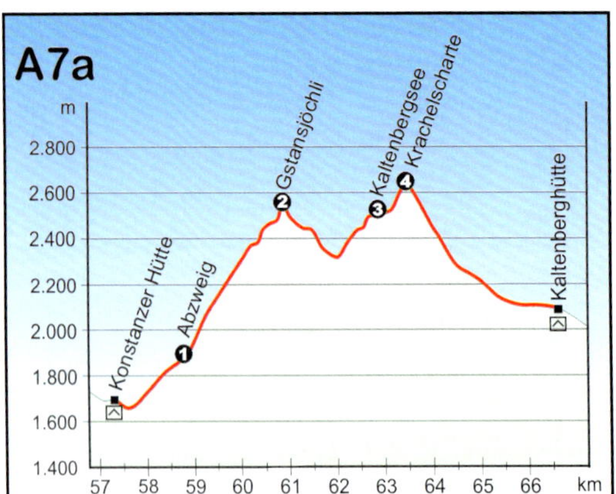

Von der Konstanzer Hütte (1.688 m) gehen Sie über die Rosanna und spazieren dann auf dem Weg entlang des Pflunbaches in westlicher Richtung (Gafluner Winterjöchl) in das Pfluntal. Sie wandern durch einen schönen Wald bis zu einer Wegver-

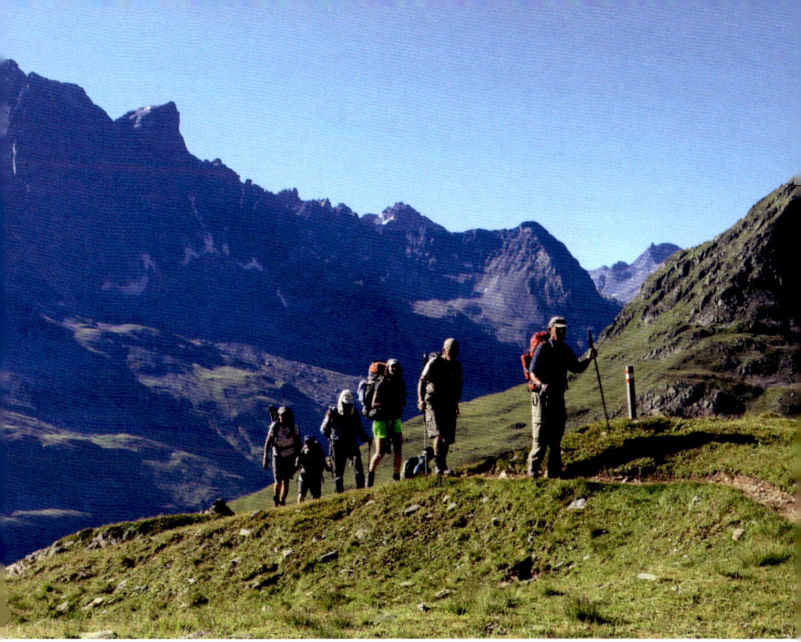

Auf dem Reutlinger Weg in Richtung Gstansjöchli
(📷 Helmut Kober)

zweigung ❶. Der Wege zur Kaltenberghütte biegt nach rechts ab. Diesem folgen Sie und steigen über steile Wiesen hinauf bis ins Gstansjöchli (2.573 m) ❷. Vom Joch kraxeln Sie über steiles Blockwerk bergab in das Tal unterhalb des Kaltenbergs. Sie passieren ein paar kleinere Seen und queren durch das obere Maroital hinüber zum größeren, idyllisch gelegenen Kaltenbergsee ❸. Von hier steigen Sie steil hinauf in die Krachelscharte (2.650 m) ❹.

⇨ Jetzt ist es nur ein kurzer Abstecher zur Krachelspitze (2.688 m) mit ihrem schönen Gipfelkreuz und wunderbarer Aussicht auf die Umgebung.

Sie wandern über die steilen Hänge hinunter zur ⌂ Kaltenberghütte (2.089 m).

⌂ Kaltenberghütte, DAV-Sektion Reutlingen, Pächter: Markus Kegele, ☎ +43 55 82/790, ✉ info@kaltenberghuette.at, 💻 www.kaltenberghuette.at, 🚪 Ende Juni bis Ende Sept, Ü für Erwachsene € 15 (DAV-Mitglied) bzw. € 26 (Nicht-DAV-Mitglied) im

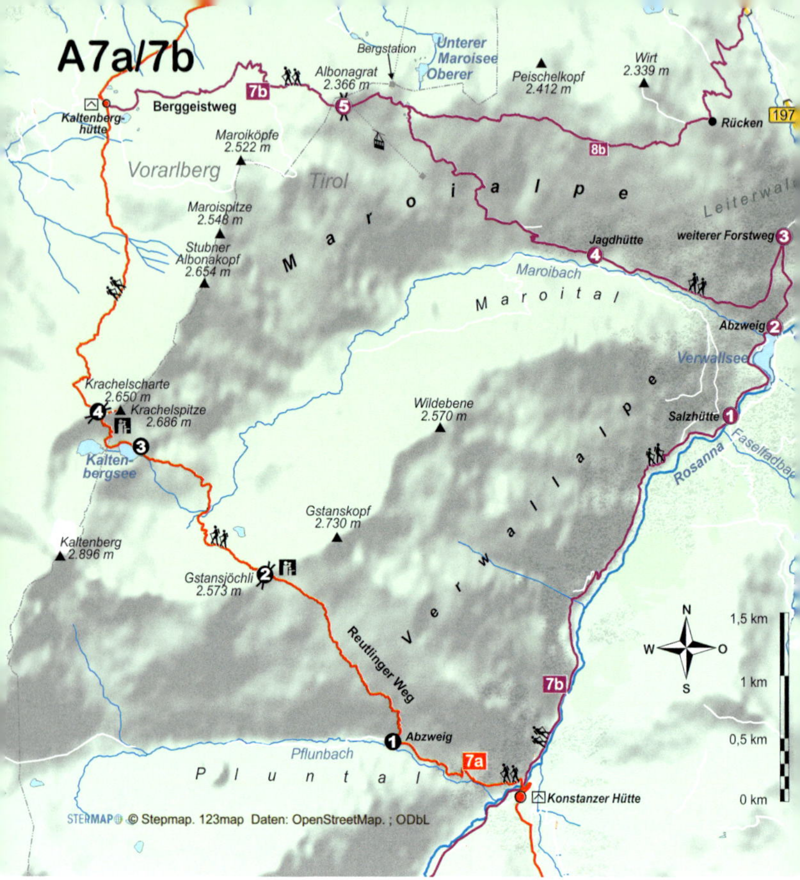

Zimmerlager, Aufschlag für Halbpension € 26 (DAV-Mitglied) bzw. € 29 (Nicht-DAV-Mitglied). Im Matratzenlager und für Kinder und Jugendliche ist die Übernachtung günstiger. Die genaue Aufstellung können Sie der Homepage entnehmen.

Die Kaltenberghütte wurde 1928 erbaut und befindet sich in wunderschöner Lage über dem Klostertal. Ursprünglich war sie die Winterhütte der Sektion Reutlingen. Nachdem die Reutlinger Hütte etwas weiter westlich abgebrannt war, öffnete man die Kaltenberghütte auch im Sommer. Heute ist sie nur noch eine Sommerhütte und soll in den nächsten Jahren renoviert werden.

A7b. Ausweichroute über das Maroital

➲ *13,9 km,* ⌛ *6 Std. 30 Min.,* ↑ *925 m,* ↓ *526 m,* ⇧ *1.480-2.366 m*

0,0 km	⇧ 1.688 m	Konstanzer Hütte
5,4 km	⇧ 1.539 m	Abzweig
10,7 km	⇧ 2.366 m	Albonagrat
13,9 km	⇧ 2.089 m	Kaltenberghütte

Falls die Verhältnisse am Gstansjöchli schlecht sind, müssen Sie nicht auf den Besuch der Kaltenberghütte verzichten. Es gibt eine neue Variante durch das Maroital, die allerdings in den Karten noch nicht eingezeichnet ist. Der Weg ist aber zu erkennen und teilweise bereits markiert. Die Aussicht vom Albonagrat ist wirklich herrlich.

Sie wandern von der Konstanzer Hütte (1.988 m) auf der Brücke über die Rosanna und gehen durch das lange Verwalltal in nordöstlicher Richtung bis zur Salzhütte ❶. Wenig später nehmen Sie den linken Weg am kleinen Stausee vorbei bis zur einer Abzweigung ❷ kurz vor dem Rasthaus, das aber aktuell nicht bewirtschaftet ist. Sie folgen dem linken Wirtschaftsweg lange in nördlicher Richtung bergauf zu einem weiteren Forstweg ❸. Auf diesem wenden Sie sich scharf

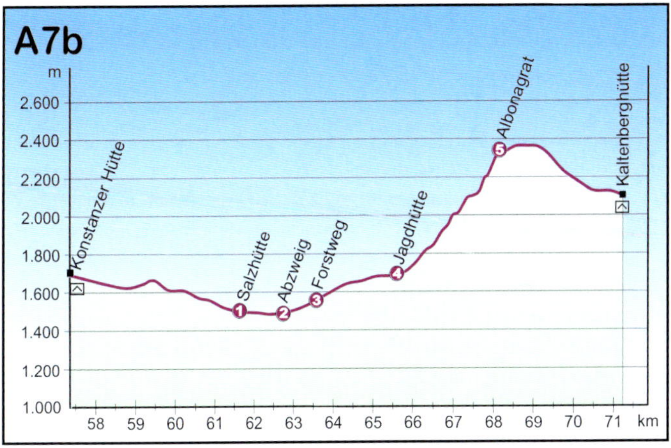

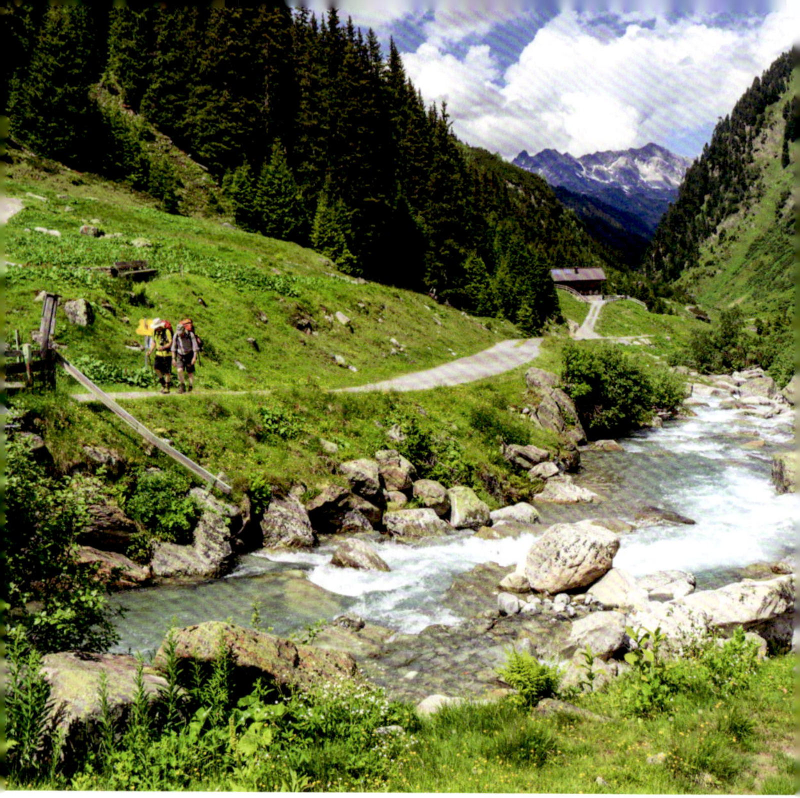

Kurz vor der Konstanzer Hütte (📷 Helmut Kober)

nach links in Richtung Maroibach. Der Weg biegt nach rechts und führt hinauf zu einer Jagdhütte ❹. Sie gehen noch weiter bergauf zu einer weiteren Wegverzweigung. Hier nehmen Sie den linken Weg. Bald endet dieser und es sind nur noch Steigspuren sichtbar. Bei der Orientierung helfen zudem Holzpfosten und einzelne Markierungen. Diese führen rechts von einem Sessellift ziemlich gerade hinauf zum Albonagrat ❺. Orientierungspunkt ist dabei die Bergstation der Albonabahn. Oben treffen Sie auf den Berggeistweg, der von St. Christoph am Arlberg heraufkommt. Auf diesem wandern Sie in westlicher Richtung bis zur ⌂ Kaltenberghütte (2.089 m).

☞ Weitere Informationen zur Kaltenberghütte finden Sie unter A7a (S. 72).

A8a. Abstieg von der Kaltenberghütte über den Paul-Bantlin-Weg

➲ *6,2 km, ⌛ 2 Std., ↑ 130 m, ↓ 423 m, ⇧ 1.787-2.089 m*

0,0 km	⇧ 2.089 m	Kaltenberghütte
3,9 km	⇧ 1.987 m	Albonaseen
6,2 km	⇧ 1.787 m	St. Christoph am Arlberg

Am letzten Tag können Sie es entspannt angehen lassen. Es steht nur noch der recht gemütliche Abstieg von der Kaltenberghütte über den Paul-Bantlin-Weg an. Die idyllischen Albonaseen laden zu einer Rast ein.

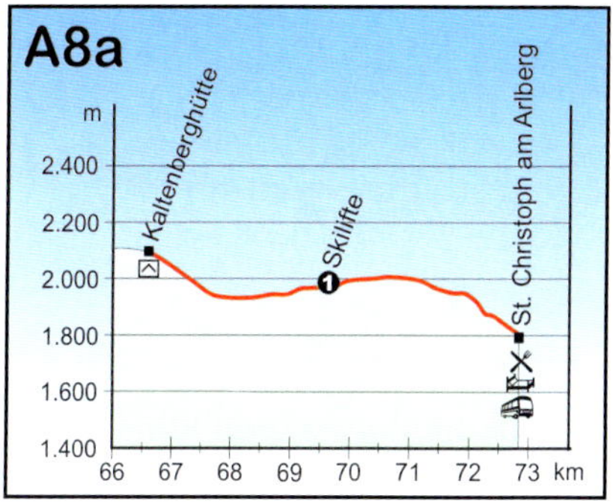

Von der Kaltenberghütte (2.089 m) spazieren Sie auf dem Paul-Bantlin-Weg in nordöstlicher Richtung bis zu einem Forstweg ❶. Diesem folgen Sie ein Stück unter den Skiliften ❷ hindurch. Immer wieder können Sie eindrucksvolle Tiefblicke ins Klostertal genießen und hinüber zu den grandiosen Gipfeln des Lechquellengebirges schauen. Der Paul-Bantlin-Weg zweigt bald in östliche Richtung ab und führt an den Albonaseen ❸ vorbei nach St. Christoph am Arlberg (1.787 m).

St. Christoph am Arlberg ⇧ 1.787 m

Gasthof Valluga, St. Christoph 17, 6580 St. Anton am Arlberg, ☏ +43 54 46/28 23, info@gasthof-valluga.at, www.gasthof-valluga.at

Bushaltestelle St. Christoph am Arlberg, Linie 92 nach St. Anton am Arlberg, Linie 7 nach Pettneu am Arlberg

St. Christoph am Arlberg ist vor allem als Wintersportort bekannt. Es ist einer der höchsten Skiorte in den Alpen. Ursprünglich war St. Christoph ein Hospiz, das im 14. Jahrhundert entstanden ist. Heute beherbergt es viele Hotels und Gasthöfe, die aber fast ausschließlich im Winter geöffnet haben. St. Christoph ist ein Ortsteil von St. Anton am Arlberg.

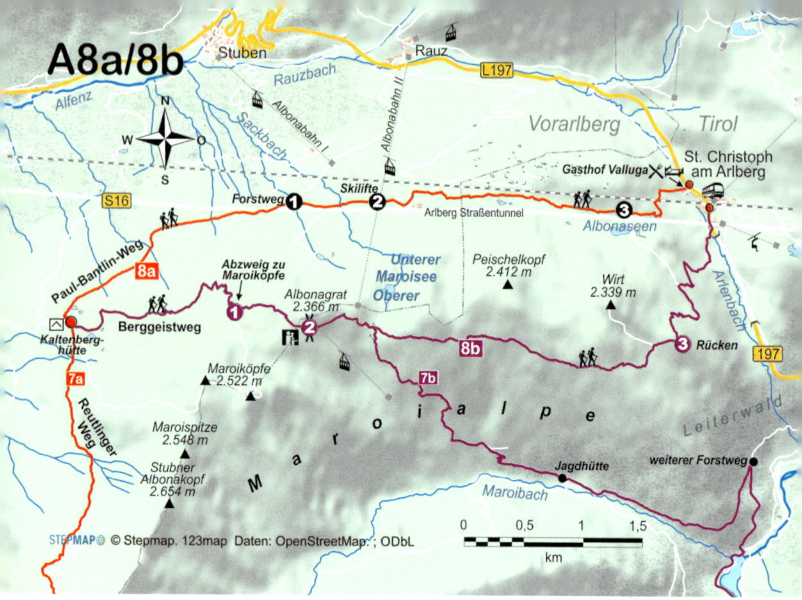

A8b. Abstieg von der Kaltenberghütte über den Berggeistweg

➲ *7,9 km*, ⌛ *4 Std.*, ↑ *331 m*, ↓ *653 m*, ⇧ *1.787-2.366 m*

0,0 km	⇧ 2.089 m	Kaltenberghütte
2,3 km	⇧ 2.366 m	Station Albonagrat
7,9 km	⇧ 1.787 m	St. Christoph am Arlberg

Eine wunderschöne, etwas längere Abstiegsvariante von der Kaltenberghütte verläuft über den Berggeistweg nach St. Christoph. Am Albonagrat können Sie diese wunderschöne Sicht auf die umliegenden Gebirgsgruppen bewundern.

Der Berggeistweg wurde mit dem Bergwege-Gütesiegel des Landes Tirol ausgezeichnet. Hiermit dankte das Land Tirol den ehrenamtlichen Helfern der Sektion und den Mitarbeitern der Gemeinde für ihr Engagement bei der Pflege des Weges. Zudem sind mit dem Siegel natürlich einige Qualitätskriterien verbunden.

Für den Abstieg über den Berggeistweg gehen Sie von der Kaltenberghütte (2.089 m) in östlicher Richtung zur Abzweigung des Weges zu den Maroiköpfen ❶, die Sie ignorieren. Sie gehen stattdessen weiter zur Bergstation

Albonagrat (2.366 m) ❷. Dann bringt Sie der Steig hoch und aussichtsreich über das Maroital. Sie umrunden den Rücken des Wirtes ❸ und wandern dann in nördlicher Richtung nach St. Christoph (1.787 m).

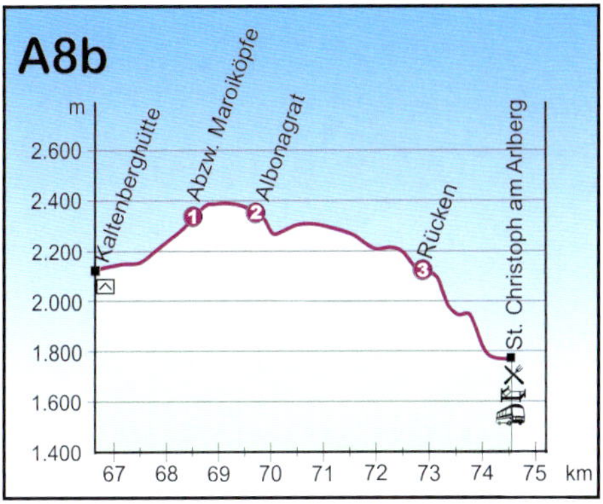

Auf dem Berggeistweg, im Hintergrund die Lechtaler Alpen (📷 Helmut Kober)

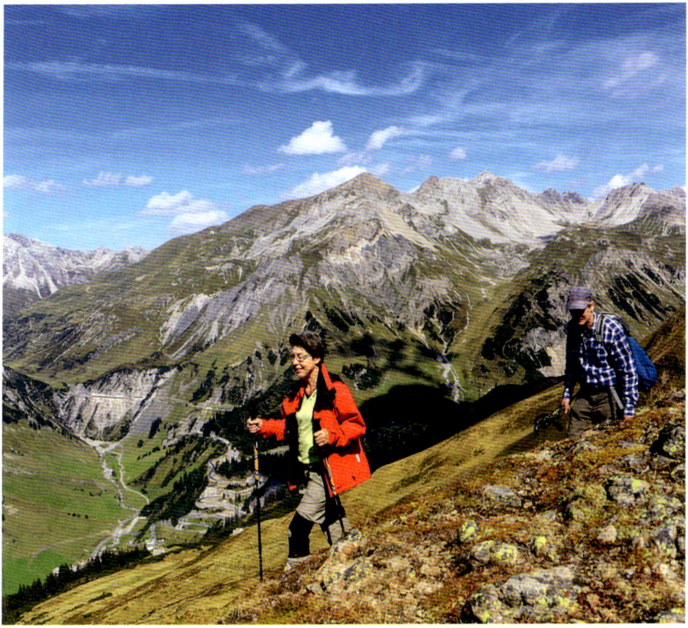

Zustiege aus anderen Tälern

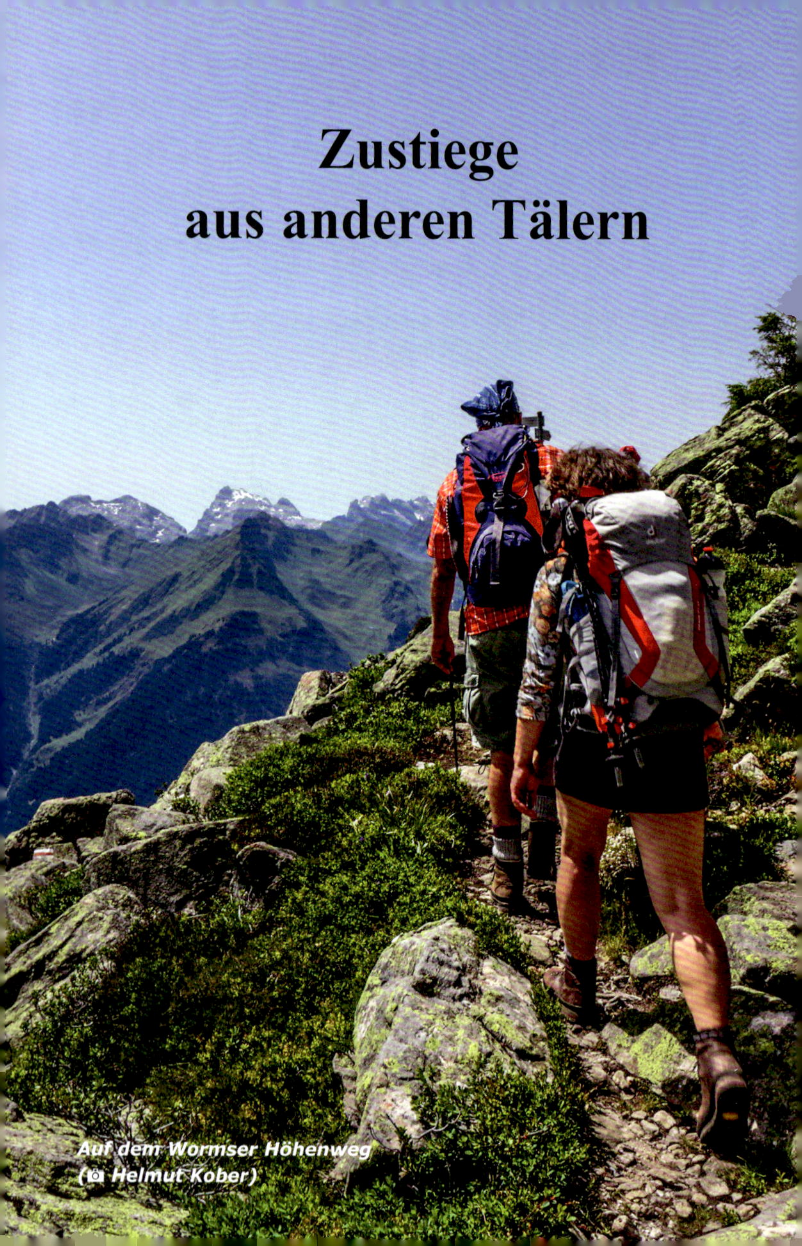

Auf dem Wormser Höhenweg
(Foto: Helmut Kober)

Alternativ können Sie natürlich auch die Runde aus einem anderen Tal heraus beginnen. Zum einen bietet sich das Paznauntal im Süden an, zum anderen können Sie auch im Montafon starten.

B1. Zustieg zur Neuen Heilbronner Hütte aus dem Paznauntal

Wenn Sie im Paznauntal beginnen wollen, reisen Sie nach Galtür und fahren weiter zum Stausee Kops.

Sie nehmen die Bahn bis Landeck und steigen dort in den Postbus ein. Dieser bringt Sie nach Galtür. Dort nehmen Sie ein Taxi zum Zeinisjoch. Im Hotel Zeinisjoch können Sie auch übernachten und am nächsten Tag mit der Runde beginnen.

Von Innsbruck oder vom Arlberg erfolgt die Anreise über Pians, danach fahren Sie auf der Paznaunstraße bis Galtür. Im Sommer ist die Anfahrt über die Silvretta Hochstraße aus dem Montafon möglich. In Galtür nehmen Sie den Abzweig Zeinisjoch/Kops Stausee.

Galtür ⇧ 1.584 m

Tourismusverband Paznaun-Ischgl, Infobüro Galtür, A-6563 Galtür, Hausnummer 39, +43 50 99/02 00, info@galtuer.com, www.galtuer.com

Taxi Zangerl, A-6563 Galtür, +43 54 43/82 00

Hotel Alpenrose, Galtür 76, 6563 Galtür, +43 54 43/82 01, alpenrose@clubdorf.at, www.alpenrose-galtuer.at, HP ab € 55 p. P.

♦ Hotel Wirler Hof, 6563 Galtür, +43 54 43/82 31, wirlerhof@huber-hotels.at, www.huber-hotels.at/de/die-huber-hotels/hotel-wirler-hof/der-wirler-hof, HP ab € 76 p. P.

♦ Hotel Luggi, Winkl 23e, 6563 Galtür, +43 54 43/83 86, luggi@galtuer.at, www.luggi.at, ÜF ab € 47 p. P.

Bierkessel – Ballunspitze, Nr. 20, 6563 Galtür, +43 54 43/82 14, office@ballunspitze.com, www.ballunspitze.com, 10:00-2:00

Bushaltestelle Galtür Dorfplatz

Wegbeschreibung

6,7 km, 2 Std. 30 Min., ↑ 519 m, ↓ 60 m, ⇧ 1.822-2.320 m

0,0 km	⇧ 1.822 m	Alpengasthof Zeinisjoch
3,1 km	⇧ 1.938 m	Verbellaalpe
6,7 km	⇧ 2.320 m	Neue Heilbronner Hütte

Wollen Sie von Süden in die Verwallrunde einsteigen, so können Sie dies vom Alpengasthof Zeinisjoch beim Kops-Stausee ganz bequem angehen.

Alpengasthof Zeinisjoch, privat, Zeinisjochstraße, 6563 Galtür, ☏ +43 54 43/82 33, info@zeinisjoch.com, www.zeinisjoch.com, HP ab € 55, Lager € 21

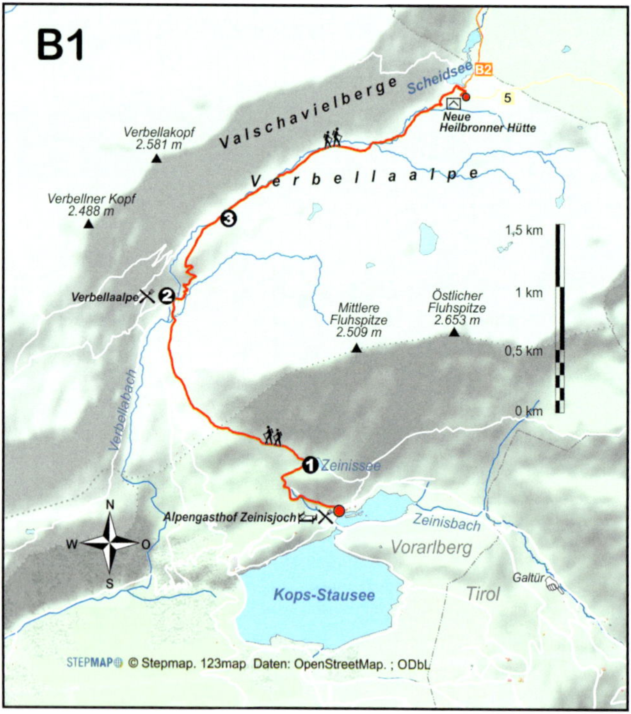

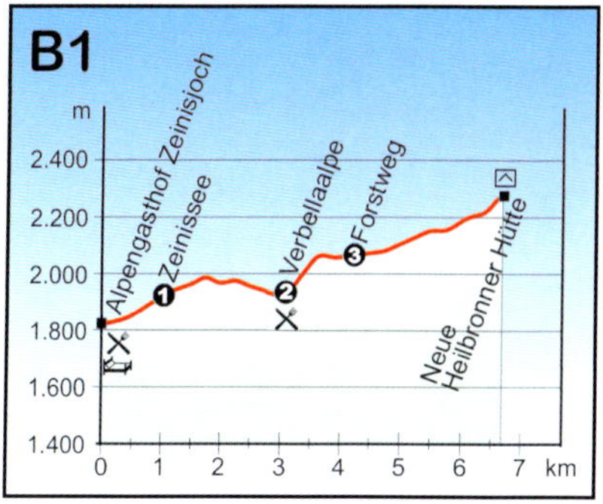

Vom 🛏 ✕ Alpengasthof (1.822 m) biegen Sie scharf nach links ab zu einem Wanderweg. Auf diesem wandern Sie hinauf zum Zeinissee ❶ und weiter zur ✕ Verbellaalpe (1.938 m) ❷.

✕ Verbellaalpe, ☏ +43 55 58/83 26, Anfang Juli-Anfang Sept

Hier kürzen Sie die breite Schotterstraße auf einem Pfad ab. Nach einem längeren Flachstück erreichen Sie schließlich wieder den Forstweg ❸. Der Schlussanstieg zur Neuen Heilbronner Hütte (2.320 m) erfolgt dann auf dem gemütlichen Forstweg entlang des Verbellabaches.

☞ Weitere Informationen zur Neuen Heilbronner Hütte finden Sie unter A5 (S. 63).

B2. Zustieg vom Montafon über den Wormser Höhenweg

Wenn Sie im Montafon starten wollen, beginnt die Rundwanderung in Schruns.

Bis Bludenz können Sie mit dem Flixbus oder mit der Bahn fahren. Dort steigen Sie um in die Montafonbahn Bludenz – Schruns. Diese verkehrt ungefähr alle 30 Minuten. www.montafonerbahn.at. In Schruns sind es ungefähr 10 Gehminuten zur Talstation Hochjochbahn oder Sie nehmen den Bus Nr. 2a dorthin.
www.montafonerbahn.at/verkehr/fahrplan_bus.shtml

Sie fahren vom Pfändertunnel auf der Autobahn ins Montafon und nehmen die Abfahrt Bludenz/Montafon. Von dort geht es weiter über St. Anton im Montafon nach Schruns. An der Zamangbahn können Sie kostenfrei parken. Alternativ gibt es kostenpflichtige Parkplätze am Parkhaus gegenüber der Post und am Gemeindeparkplatz. Die Parkplätze an der Hochjochbahn sind ebenfalls kostenpflichtig.

Schruns

⇧ 690 m

Tourismusinformation Schruns (Montafon Tourismus), Silvrettastraße 6, 6780 Schruns, ☏ +43 506 68/62 00, schruns-tschagguns@montafon.at, www.montafon.at/de/Mein-Montafon/Bergdoerfer/Schruns-Tschagguns

Hotel Alpenrose, Silvrettastraße 45, 6780 Schruns, ☏ +43 55 56/726 55, info@spa-alpenrose.at, www.spa-alpenrose.at, ÜF ab € 69 p. P.

♦ Hotel Zimba, Veltlinerweg 2, 6780 Schruns, ☏ +43 55 56/726 30, info@hotel-zimba.at, www.hotel-zimba.at, HP ab € 55 p. P.

♦ Hotel Montjola Nova, Montjolastraße 31, 6780 Schruns, ☏ +43 55 56/73 37 40, office@hotel-montjola-nova.at, www.hotel-montjola-nova.at, ÜF ab € 58 p. P.

Endhaltestelle Montafonbahn

Wegbeschreibung

21,1 km, 10 Std., ↑ 1.178 m, ↓ 1.142 m, ⇧ 1.463-2.439 m

0,0 km	⇧ 2.280 m	Sennigrat
0,5 km	⇧ 2.307 m	Wormser Hütte
3,0 km	⇧ 1.945 m	Furkla Grasjoch
5,0 km	⇧ 2.177 m	Wormser Törl
11,9 km	⇧ 2.251 m	Madererjöchle
18,3 km	⇧ 2.439 m	Valschavieler-Winterjöchle
21,1 km	⇧ 2.320 m	Neue Heilbronner Hütte

Vom Montafon aus können Sie ebenfalls die großartige Verwallrunde angehen. Besonders tolle Blicke bieten sich Ihnen vom Valschavieler-Winterjöchle.

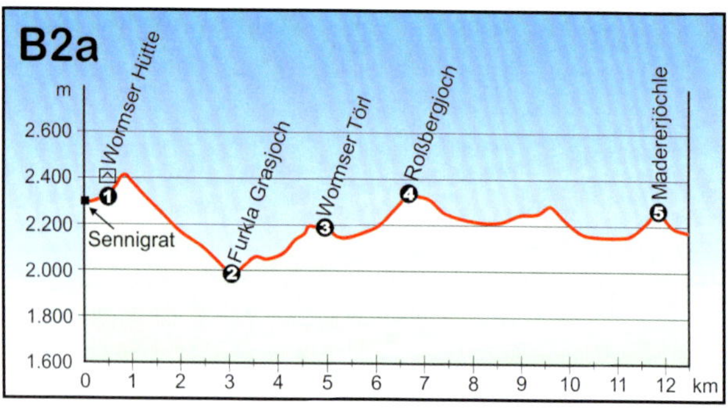

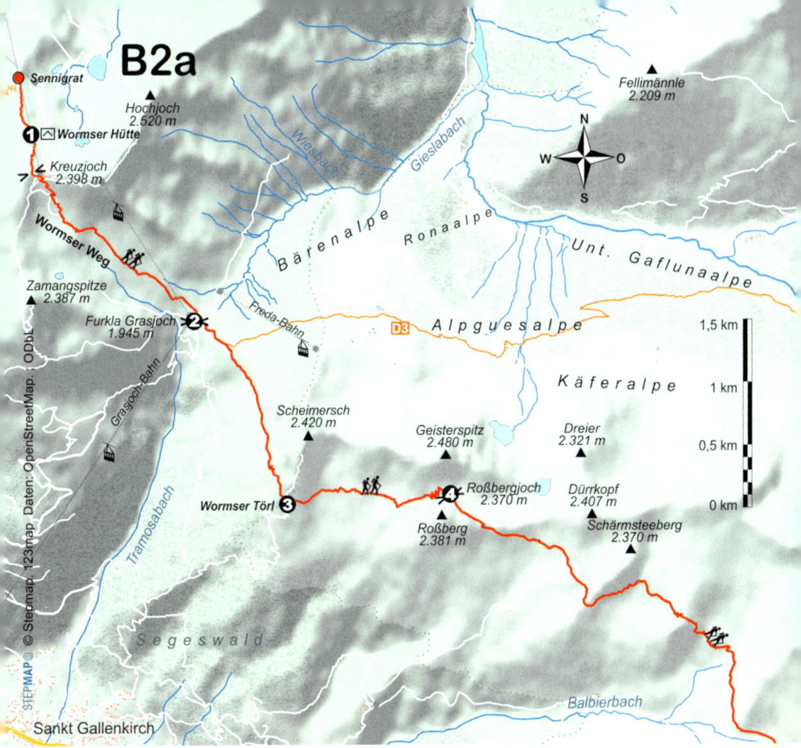

Der Einstieg in die Runde beginnt dann am Wormser Höhenweg. Allerdings ist der Abschnitt zwischen Wormser Hütte und Neue Heilbronner Hütte sehr lang, sodass Sie über entsprechende Kondition und Erfahrung verfügen sollten. Die auf vielen Karten eingezeichnete Unterstandshütte im letzten Wegabschnitt ist meistens verschlossen.

☺ Da der Wormser Weg sehr lang ist und sie bei einer morgendlichen Seilbahnauffahrt zu spät dran sind, empfehlen wir auf der Wormser Hütte zu übernachten und am nächsten Tag rechtzeitig am frühen Morgen zu starten.

Sie schweben von Schruns mit Seilbahn und Sessellift bis zur Bergstation am Sennigrat (2.280 m) und wandern von dort hinüber zur nahen ⌂ Wormser Hütte (2.307 m) ❶. Der Zustieg zur Hütte dauert nur 15 Min.

Wormser Hütte, DAV-Sektion Worms, Pächter: Manfred Zwischenbrugger, ☏ +43 66 41/32 03 25, wormserhuetteschruns@gmail.com, www.wormserhuette.at, Ende Juni bis Anfang Okt, Ü für Erwachsene € 14 (DAV-Mitglied) bzw. € 24 (Nicht-DAV-Mitglied) im Zimmerlager, Aufschlag Halbpension € 27,50, Frühstück € 12,50. Im Matratzenlager und für Kinder und Jugendliche ist die Übernachtung günstiger. Die genaue Aufstellung können Sie der Homepage www.wormser-huette.at/unsere-huette#preise entnehmen.

Die Wormser Hütte wurde 1906/1907 erbaut. Heute liegt sie mitten im Silvretta-Montafon Skigebiet. Somit hat sie sich vor allem im Winter zu einer beliebten Hütte entwickelt. Aber auch die gute Erreichbarkeit im Sommer und der Wormser Höhenweg machen die Hütte zu einem beliebten Stützpunkt.

Am nächsten Morgen starten Sie ganz früh und wandern am Kreuzjoch vorbei durch das Pistengebiet zum Furkla Grasjoch (1.945 m) ❷. Hier gehen Sie an der Wegkreuzung geradeaus weiter. Der Weg führt weiter durch die Westhänge des Scheimersch in in die kleine Einschartung des Wormser Törls ❸. Auf der anderen Seite geht es in ein Kar und hinüber zum Roßbergjoch (2.370 m) ❹. Vom Joch wandern Sie in östlicher Richtung bergab in das Kar unterhalb des Dürrkopfes. Der Weg bringt Sie um den Schärmsteeberg herum in zwei weitere Kare, die durch einen Rücken getrennt sind. Sie gehen um den Südwestkamm der Tälispitze herum und wandern hinauf zum Madererjöchle (2.251 m) ❺. Der Wormser Höhenweg zieht unter den Südhängen des Valschavieler Maderers hindurch und verläuft weiter in das Giampkar. Sie wandern um den Giampkopf herum zur Roßberghütte ❻, einer meist verschlossenen Unterstandshütte. Das folgende Kar durchqueren Sie in einem großen Bogen und steigen steil hinauf in das Valschavieler-Winterjöchle ❼. Vom Jöchle geht es steil bergab zum Valschavielsee. Im großen Bogen spazieren Sie nördlich um den Stritt-

Auf dem Wormser Höhenweg (📷 Helmut Kober)

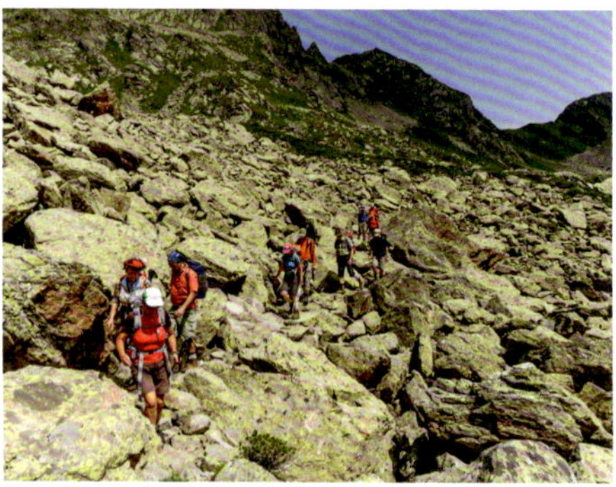

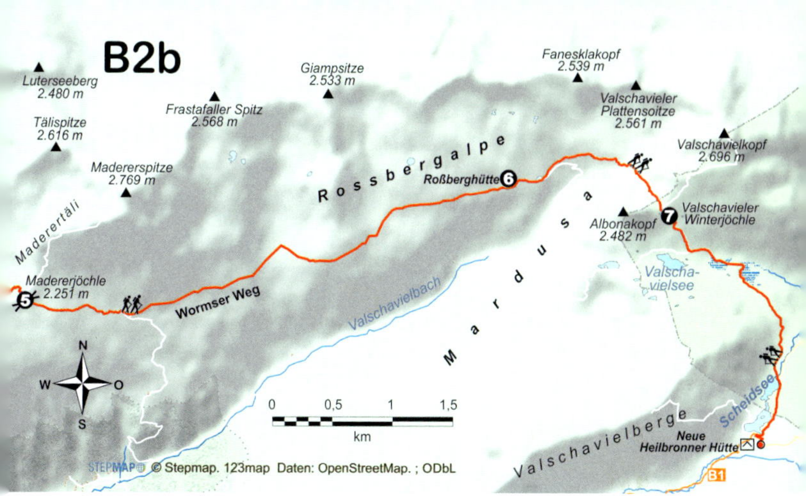

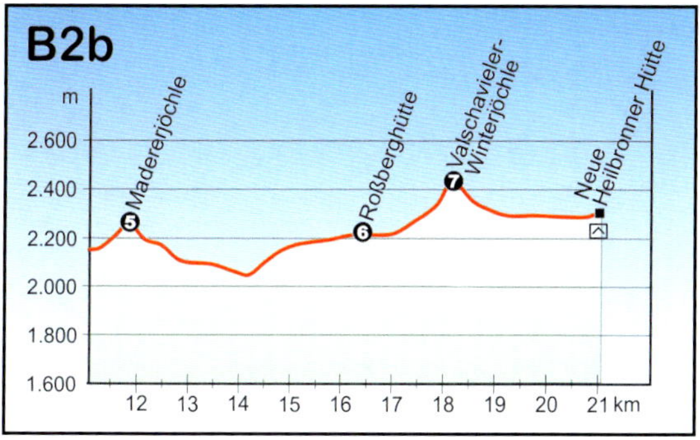

kopf herum zu den Scheidseen, von denen es nur noch wenige Meter bis zur ⌂ Neuen Heilbronner Hütte (2.320 m) sind.

☞ Weitere Informationen zur Neuen Heilbronner Hütte finden Sie unter A5 (S. 63).

C. Die Verwallrunde in sechs kürzeren Etappen

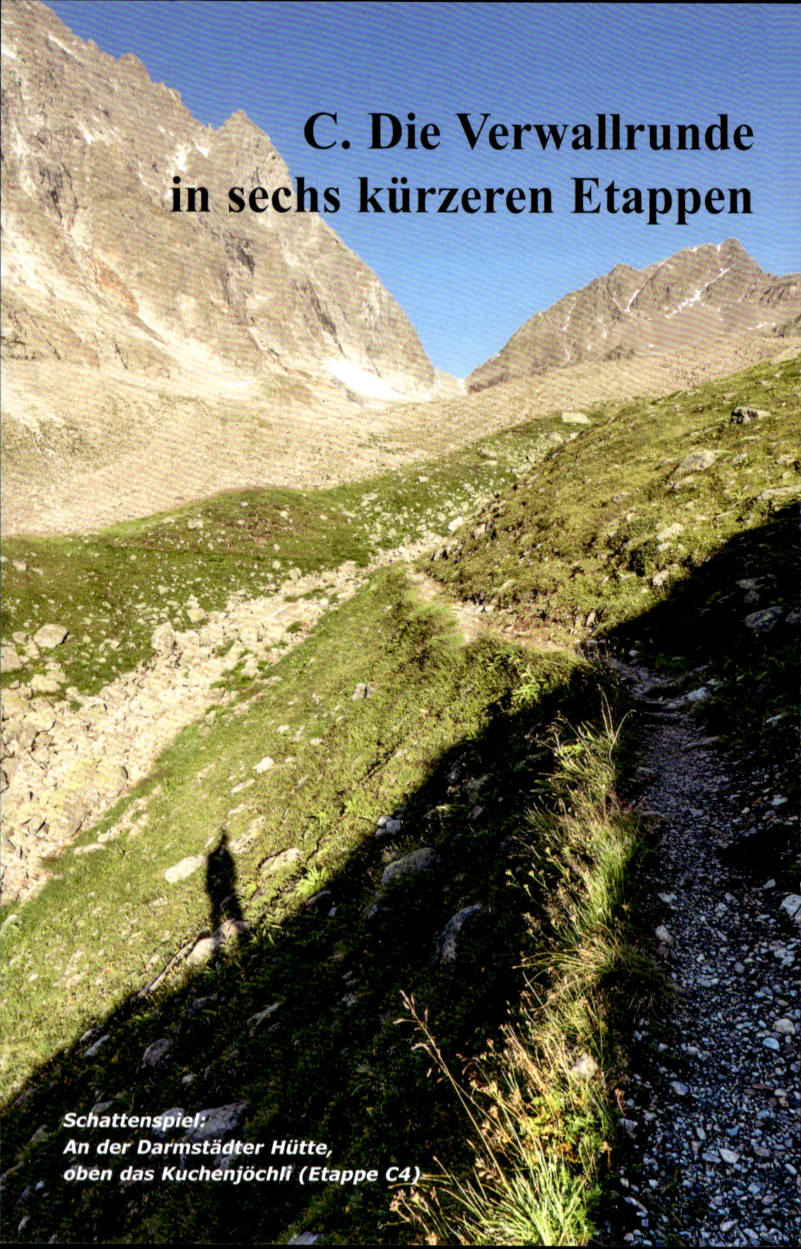

Schattenspiel:
An der Darmstädter Hütte,
oben das Kuchenjöchli (Etappe C4)

Bei dieser Variante handelt es sich um eine mittelschwere Wanderung mit angenehmen Tagesetappen. Die Tour ist etwas kürzer als die Standard-Verwallrunde. Sie lässt den Bereich der Friedrichshafener und der Neuen Heilbronner Hütte aus. Die Tour kann in beiden Richtungen begangen werden.

☞ Weitere Informationen zur Pettneu finden Sie unter A1 (S. 39).

C1. Von Pettneu zur Edmund-Graf-Hütte

7,4 km, 3 Std. 30 Min., ↑ 1.188 m, ↓ 3 m, ⇧ 1.190-2.408 m, S. 41

0,0 km	⇧ 1.222 m	Pettneu am Arlberg
4,2 km	⇧ 1.687 m	Vordere Malfonalpe
4,9 km	⇧ 1.760 m	Abzweig Hüttenweg
7,4 km	⇧ 2.408 m	Edmund-Graf-Hütte

Von Pettneu am Arlberg (1.222 m) wandern Sie durch das Malfontal zur Vorderen Malfonalpe (1.687 m) und über den steilen Hüttenweg zur aussichtsreich gelegenen Edmund-Graf-Hütte (2.408 m).

☞ Die detaillierte Wegbeschreibung und weitere Informationen zur Edmund-Graf-Hütte finden Sie unter A1 (S. 39).

Die Edmund-Graf-Hütte

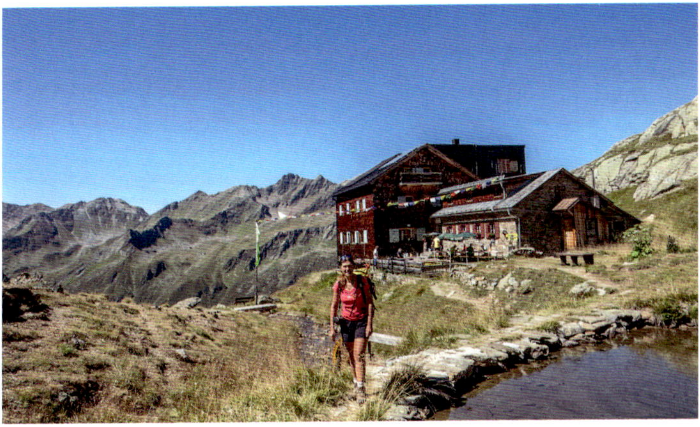

C2. Von der Edmund-Graf-Hütte zur Niederelbehütte

➲ *9 km, ⌛ 5 Std., ↑ 526 m, ↓ 529 m, ⇧ 2.160-2.697 m, 🕮 S. 45*

0,0 km	⇧ 2.408 m	Edmund-Graf-Hütte
1,3 km	⇧ 2.558 m	Schmalzgrubensee
2,2 km	⇧ 2.697 m	Schmalzgrubenscharte
3,6 km	⇧ 2.369 m	Wegteilung am Kieler Weg
9,0 km	⇧ 2.318 m	Niederelbehütte

Von der Edmund-Graf-Hütte (2.408 m) gehen Sie zum schön gelegenen Schmalzgrubensee und weiter hinauf in die Schmalzgrubenscharte (2.697 m). Nach einem steilen Abstieg queren Sie oberhalb des Paznauntals bis zur Niederelbehütte (2.318 m).

☞ Die detaillierte Wegbeschreibung und weitere Informationen zur Niederelbehütte finden Sie unter A2 (S. 44).

C3. Über den Sepp-Jöchler-Weg zur Darmstädter Hütte

➲ *7,4 km, ⌛ 4 Std., ↑ 801 m, ↓ 727 m, ⇧ 2.025-2.749 m, 🕮 S. 50*

0,0 km	⇧ 2.318 m	Niederelbehütte
2,2 km	⇧ 2.749 m	Seßladjöchli
5,2 km	⇧ 2.025 m	Speichersee Kartell
7,4 km	⇧ 2.384 m	Darmstädter Hütte

Von der Niederelbehütte (2.318 m) wandern Sie hinauf zum Seßladjöchli (2.749 m) und steigen auf gutem Wanderweg hinunter zum Speichersee Kartell. Hier biegen Sie nach links ab und gehen auf einem Wanderweg hinauf zur Darmstädter Hütte (2.384 m).

☞ Die detaillierte Wegbeschreibung und weitere Informationen zur Darmstädter Hütte finden Sie unter A3a (S. 48).

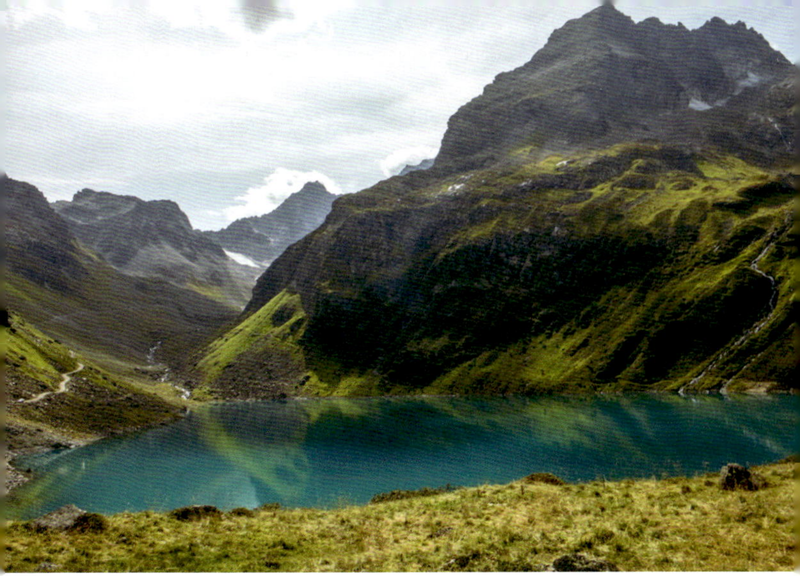

Der Speichersee Kartell

C4. Von der Darmstädter Hütte zur Konstanzer Hütte

6,5 km, 4 Std., ↑ 373 m, ↓ 1.066 m, ⇧ 1.688-2.730 m, S. 55

0,0 km	⇧ 2.384 m	Darmstädter Hütte
2,0 km	⇧ 2.730 m	Kuchenjöchli
5,5 km	⇧ 1.750 m	Fasultal
6,5 km	⇧ 1.688 m	Konstanzer Hütte

Von der Darmstädter Hütte (2.384 m) wandern Sie auf teilweise versichertem Steig hinauf ins Kuchenjöchli (2.730 m). Steil steigen Sie hinunter ins Fasultal. Unten im Tal gehen Sie nach rechts bis zur Konstanzer Hütte (1.688 m).

☞ Die detaillierte Wegbeschreibung und weitere Informationen zur Konstanzer Hütte finden Sie unter A4a (S. 54), allerdings ohne den Abschnitt durch das Fasultal zur Friedrichshafener Hütte.

C5. Von der Konstanzer Hütte zur Kaltenberghütte

9,2 km, 6 Std. 30 Min., ↑ 1.220 m, ↓ 805 m, ⇧ 1.688-2.650 m, *S. 74*

0,0 km	⇧ 1.688 m	Konstanzer Hütte
3,4 km	⇧ 2.573 m	Gstansjöchli
6,0 km	⇧ 2.650 m	Krachelscharte
9,2 km	⇧ 2.089 m	Kaltenberghütte

Von der Konstanzer Hütte (1.688 m) wandern Sie in westlicher Richtung bis zum Abzweig bei der Pflunhütte. Hier gehen Sie nach rechts zum Gstansjöchli. Sie queren hinüber zum Kaltenbergsee und steigen hinauf zur Krachelscharte (2.650 m). Über den markierten Wanderweg gehen Sie hinunter zur Kaltenberghütte (2.089 m).

Die detaillierte Wegbeschreibung und weitere Informationen zur Kaltenberghütte finden Sie unter A7a (S. 72).

C6. Von der Kaltenberghütte nach St. Christoph am Arlberg

6,2 km, 2 Std., ↑ 130 m, ↓ 423 m, ⇧ 1.787-2.089 m, *S. 78*

0,0 km	⇧ 2.089 m	Kaltenberghütte
3,9 km	⇧ 1.987 m	Albonaseen
6,2 km	⇧ 1.787 m	St. Christoph am Arlberg

Von der Kaltenberghütte (2.089 m) wandern Sie auf dem Paul-Bantlin-Weg nach St. Christoph am Arlberg (1.787 m).

Die detaillierte Wegbeschreibung und Informationen zu St. Christoph am Arlberg finden Sie unter A8a (S. 77).

Eine weitere Abstiegsvariante ist der Berggeistweg. Die detaillierte Wegbeschreibung finden Sie unter A8b (S. 78).

D. Durch das westliche Verwall

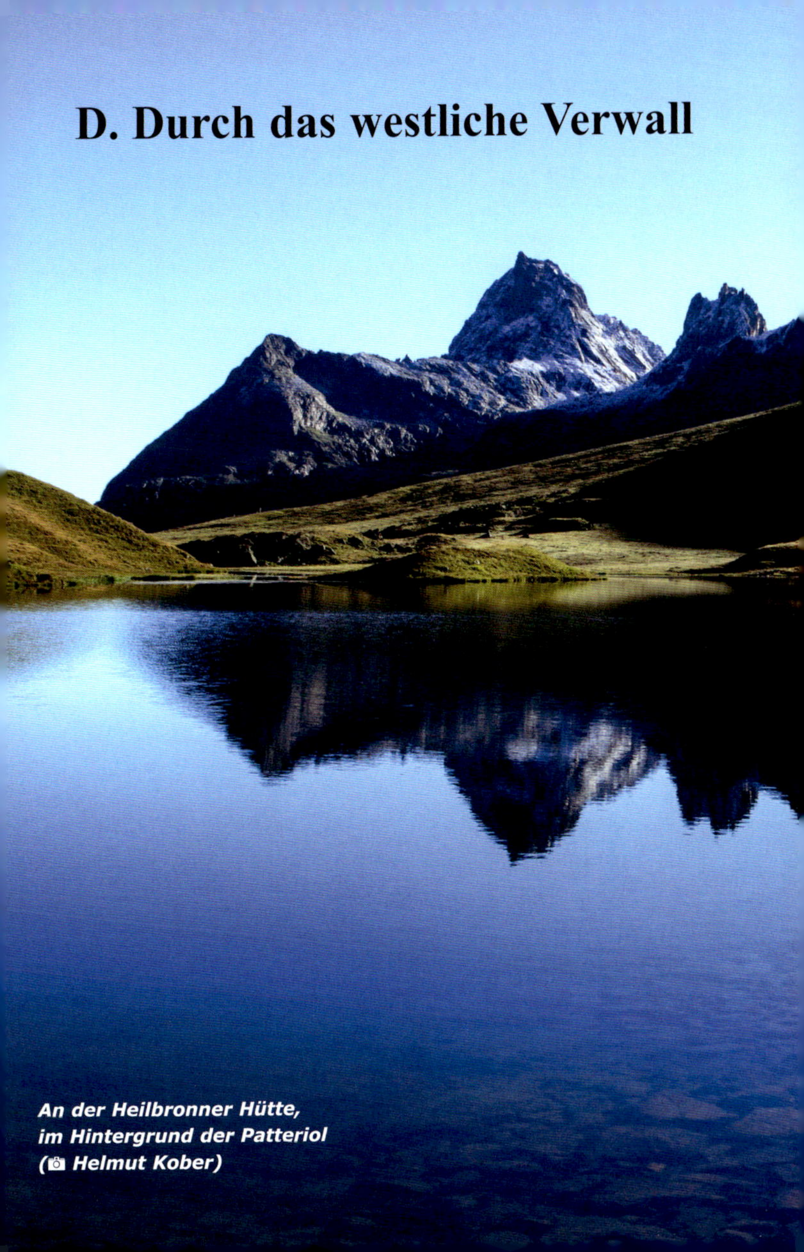

An der Heilbronner Hütte,
im Hintergrund der Patteriol
(📷 Helmut Kober)

Vom Zeinisjoch durch das westliche Verwall verläuft ein wirklich großartiger Rundweg. Die Runde ist absolut empfehlenswert für Wanderer mit sehr guter Kondition, da die Tagesetappen teilweise recht lang und ganz schön anspruchsvoll sind. Am fünften Tag kommen Sie wieder zurück zum Zeinisjoch. Für besonders Ambitionierte ist es auch möglich, den vierten und fünften Tag zusammenzulegen. Dann haben Sie allerdings am letzten Tag auch ein ordentliches Pensum mit 18,5 km und ca. 1.200 Höhenmeter im Auf- und Abstieg zurückzulegen.

D1. Vom Parkplatz am Zeinisjoch zur Neuen Heilbronner Hütte

6,7 km, 2 Std. 30 Min., ↑ 519 m, ↓ 60 m, ⇧ 1.822-2.320 m, S. 82

0,0 km	⇧ 1.822 m	Alpengasthof Zeinisjoch
3,1 km	⇧ 1.938 m	Verbellaalpe
6,7 km	⇧ 2.320 m	Neue Heilbronner Hütte

Vom Alpengasthof Zeinisjoch (1.822 m) wandern Sie über die Verbellaalpe zur Neuen Heilbronner Hütte (2.320 m).

Die Verbellaalpe (Helmut Kober)

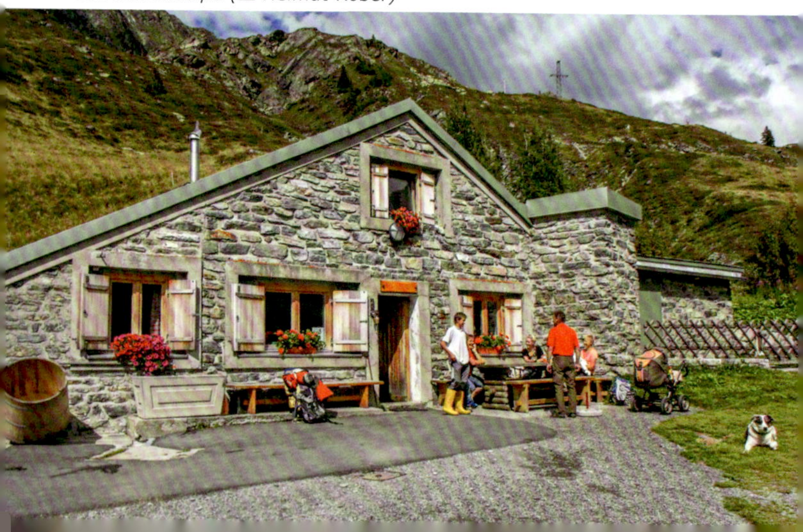

Die detaillierte Wegbeschreibung finden Sie unter B1 (S. 81).

Weitere Informationen zur Neuen Heilbronner Hütte finden Sie unter A5 (S. 63).

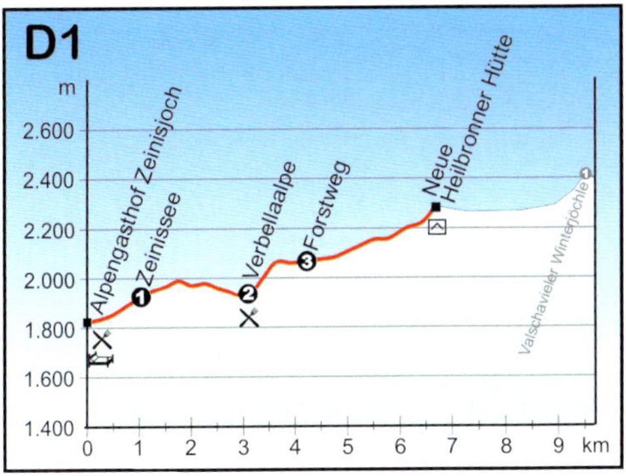

D2. Von der Neuen Heilbronner Hütte über den Wormser Höhenweg zur Wormser Hütte

20,6 km, 10 Std., ↑ 1.142 m, ↓ 1.143 m, 1.463-2.396 m, S. 84 und 87

0,0 km	↑ 2.320 m	Neue Heilbronner Hütte
2,8 km	↑ 2.439 m	Valschavieler-Winterjöchle
9,2 km	↑ 2.251 m	Madererjöchle
16,1 km	↑ 2.177 m	Wormser Törl
18,1 km	↑ 1.945 m	Furkla Grasjoch
20,6 km	↑ 2.307 m	Wormser Hütte

Von der Neuen Heilbronner Hütte (2.320 m) gehen Sie über das Valschavieler-Winterjöchle auf dem Wormser Weg bis in die Furkla und steigen dann hinauf zur Wormser Hütte (2.307 m).

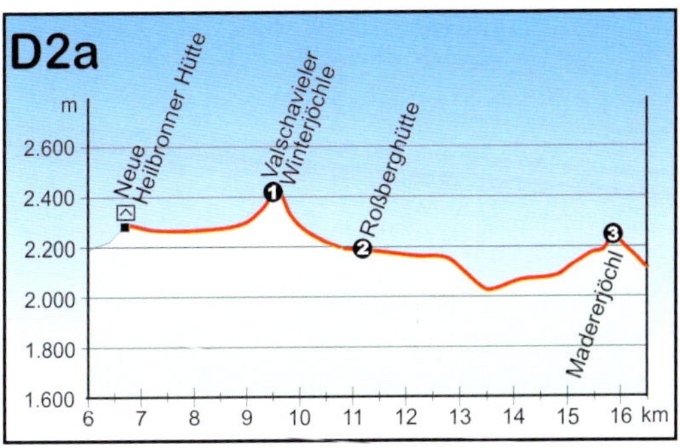

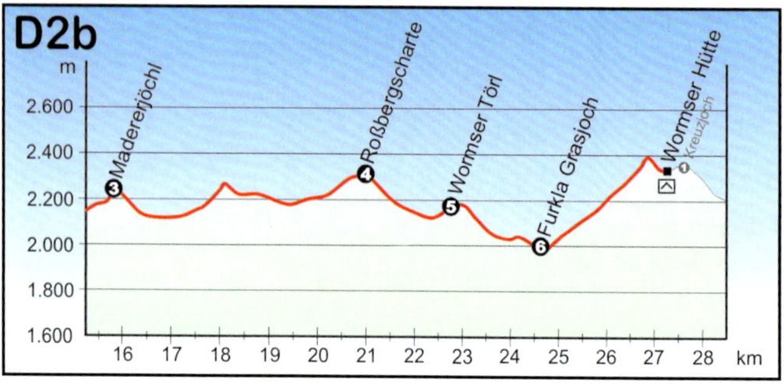

☞ Die detaillierte Wegbeschreibung und weitere Informationen zur Wormser Hütte finden Sie unter B2 (S. 83) – in entgegengesetzter Richtung.

D3. Von der Wormser Hütte zur Konstanzer Hütte

21,9 km, 10 Std., ↑ 682 m, ↓ 1.324 m, ⇧ 1.463-2.396m

0,0 km	⇧ 2.307 m	Wormser Hütte
0,4 km	⇧ 2.398 m	Kreuzjoch
2,6 km	⇧ 1.945 m	Furkla Grasjoch
3,0 km	⇧ 2.034 m	Abzweig ins Silbertal
9,4 km	⇧ 1.463 m	Silbertal
18,3 km	⇧ 1.908 m	Schönverwalltal
21,9 km	⇧ 1.688 m	Konstanzer Hütte

Früh morgens starten Sie diesen wunderbaren Übergang zur Konstanzer Hütte. Er wird nicht so häufig begangen, teils sind die Markierungen spärlich, doch der Weg ist immer gut zu finden. Von der Wormser Hütte (2.307 m) wandern Sie nach Süden hinauf zum Kreuzjoch (2.398 m) ❶, von dem Sie die morgendliche Stille bei bester Aussicht genießen können. Noch ist es fast zu früh für eine Rast, allerdings befinden Sie sich hier am höchsten Punkt der Tagesetappe, weshalb Sie sich Zeit für das Panorama nehmen sollten.

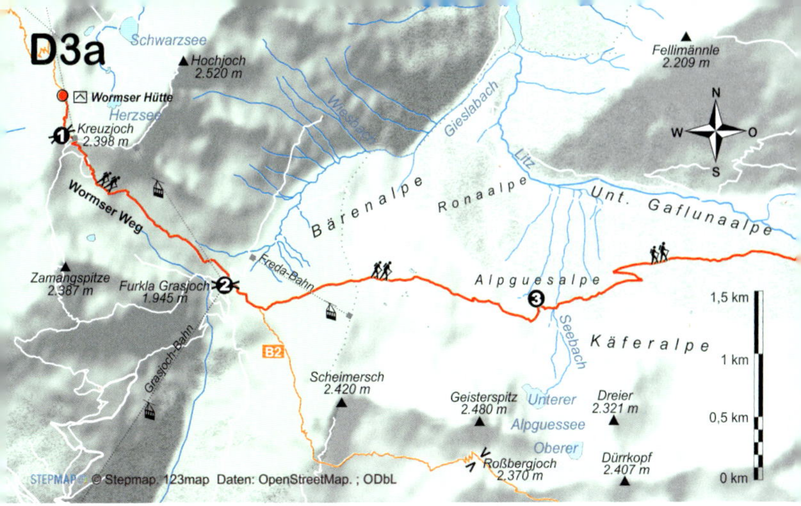

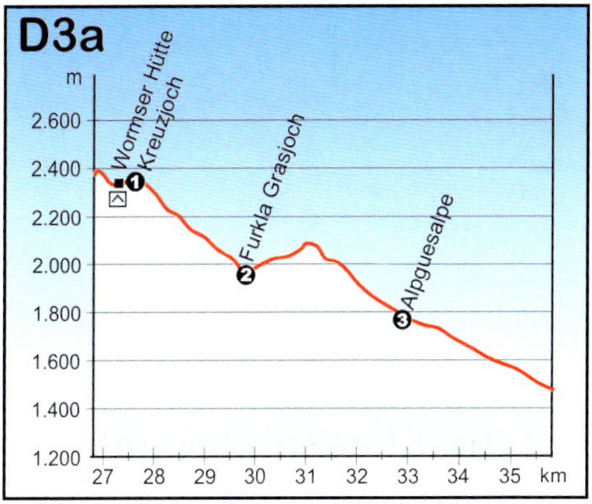

An der nächsten Wegkreuzung gehen Sie auf dem Wormser Höhenweg hinunter in das Furkla Grasjoch (1.945 m) ❷. Anschließend wandern Sie kurz nach Südosten, um dann vor dem Fredakopf nach links abzuzweigen. Weiter spazieren Sie kurz bergauf, umgehen den Fredakopf auf der nördlichen Seite und wandern auf dem markierten Weg weiter bergab. Auf ungefähr 1.790 m Höhe kommen Sie an die Alpguesalpe ❸, an der Sie den Wanderweg im Prinzip überqueren. Dafür biegen Sie in den Weg nach rechts ein und verlassen ihn an der nächsten Möglichkeit sofort wieder nach links. Von hier steigen Sie auf einem unmarkierten Forstweg geradeaus Richtung Osten ab. Kurz nach der Unteren Dürrwaldalpe ❹ überqueren Sie die Litz und spazieren nach Osten das Silbertal hinauf. Vorbei geht es an der Unteren und Oberen

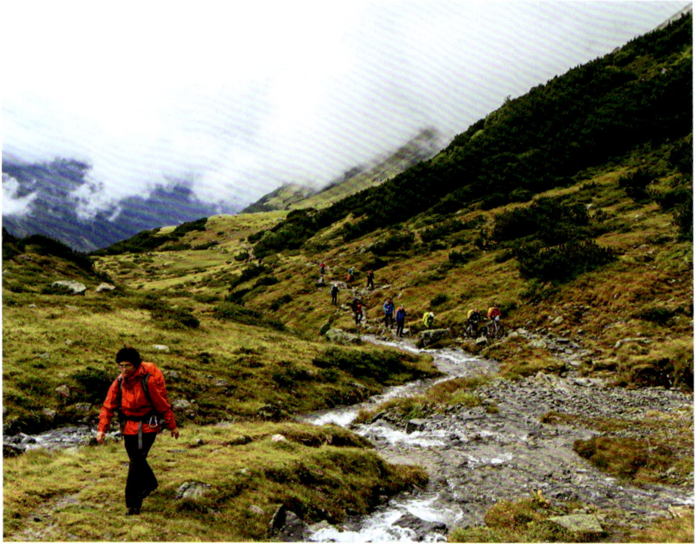

Im Silbertal kurz vor dem Silbertaler Winterjöchle (📷 Helmut Kober)

Freschalpe ❺. Danach passieren Sie den Langen See und steigen hinauf in das Silbertaler Winterjöchle ❻. Vom Joch steigen Sie nach Osten in das Schönverwalltal ❼ hinunter. Hier ist es nun weniger einsam als zuvor. Der Weg führt Sie

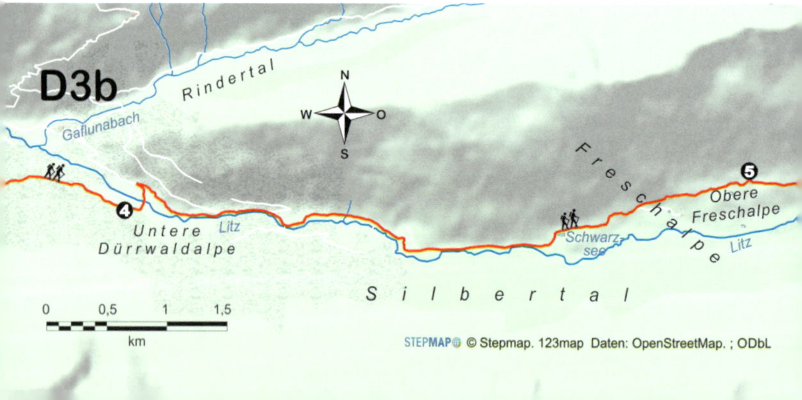

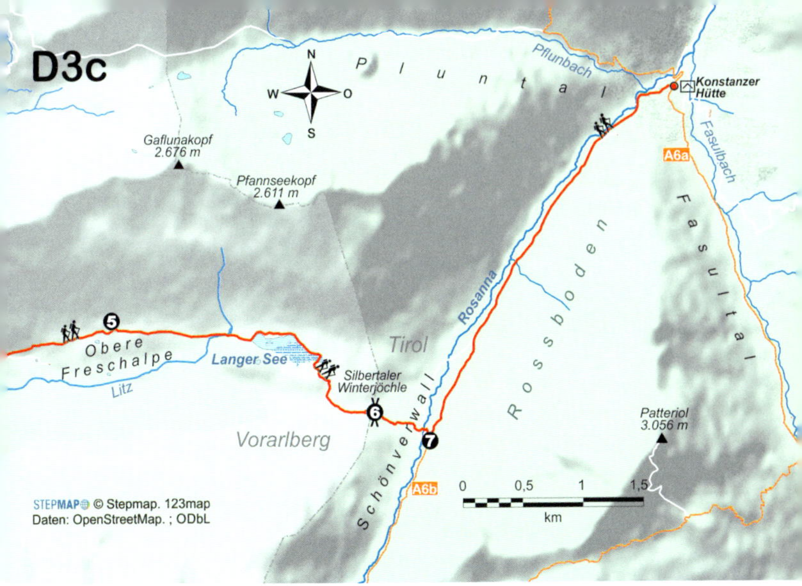

immer auf den mächtigen Patteriol zu, ein wirklich beeindruckender Klotz. Im Schönverwalltal wenden Sie sich nach Norden und gehen mit allmählichem Höhenverlust hinunter zu ⌂ Konstanzer Hütte (1.688 m).

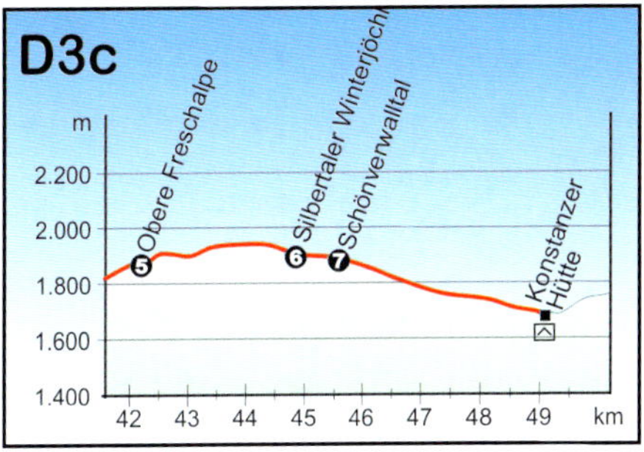

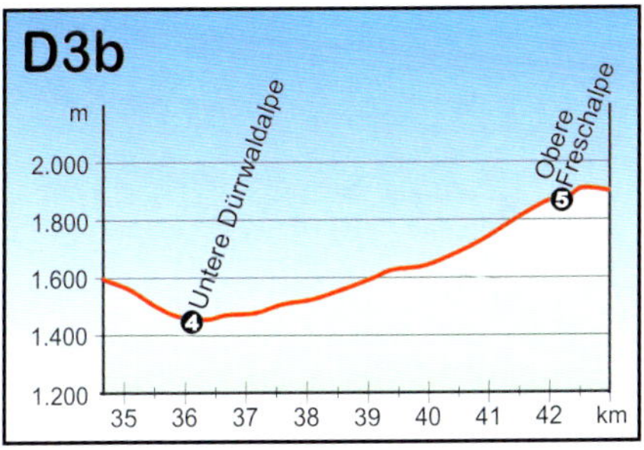

☞ Weitere Informationen zur Konstanzer Hütte finden Sie unter A6a (S. 67).

D4. Von der Konstanzer Hütte über den Bruckmannweg zur Neuen Heilbronner Hütte

11,8 km, 4 Std., ↑ 1.219 m, ↓ 607 m, ⇧ 1.688-2.633 m, *S. 69*

0,0 km	⇧ 1.688 m	Konstanzer Hütte
3,5 km	⇧ 2.000 m	Beim Kugelten Stein
5,8 km	⇧ 2.633 m	Wannenjöchli
11,8 km	⇧ 2.320 m	Neue Heilbronner Hütte

Von der Konstanzer Hütte (1.688 m) starten Sie in das Fasultal nach Süden und folgen zunächst den Schildern Richtung Darmstädter und Friedrichshafener Hütte immer geradeaus. Sie ignorieren dann den Abzweig zur Darmstädter Hütte und wandern weiter bis zum Abzweig des Bruckmannweges „Am Kugelten Stein" (2.000 m). Hier zweigen Sie nach rechts ab und umgehen so den gewaltigen Patteriol. Sie steigen hinauf zum Wannenjöchli und gehen weiter zum Wannensee und in das Ochsental. Ein kurzer Gegenanstieg bringt Sie zur Neuen Heilbronner Hütte (2.320 m).

Die detaillierte Wegbeschreibung finden Sie unter A6a (S. 67) – in entgegengesetzter Richtung. Weitere Informationen zur Neuen Heilbronner Hütte siehe A5 (S. 63).

Der Bruckmannweg im Frühsommer mit richtig viel Altschnee (Helmut Kober)

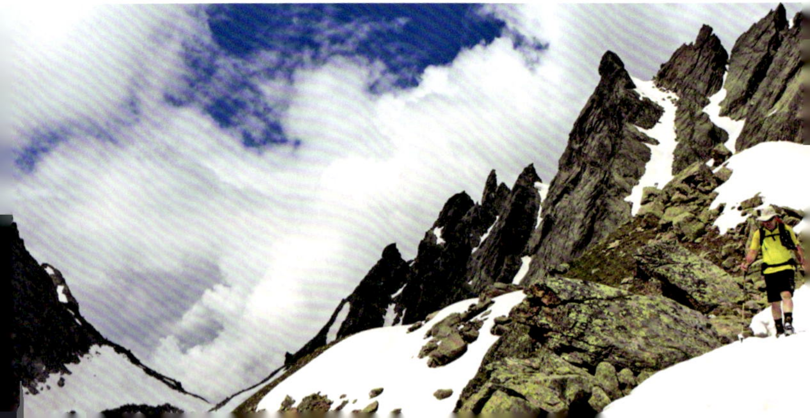

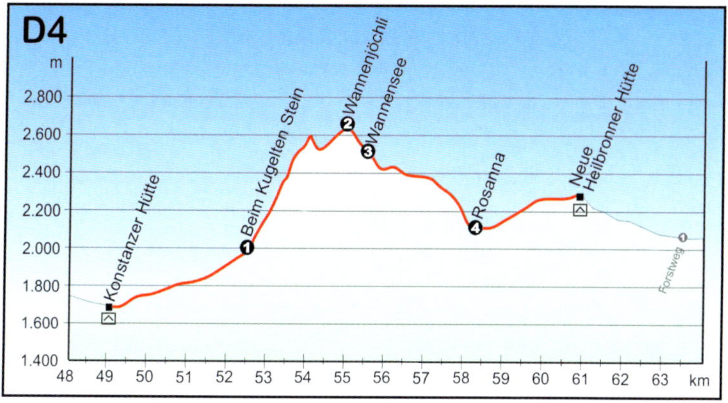

D5. Von der Neuen Heilbronner Hütte zum Zeinisjoch

6,7 km, 2 Std. 30 Min., ↑ 60 m, ↓ 519 m, ⇧ 1.822-2.320 m, S. 82

0,0 km	⇧ 2.320 m	Neue Heilbronner Hütte
3,6 km	⇧ 1.938 m	Verbellaalpe
6,7 km	⇧ 1.822 m	Alpengasthof Zeinisjoch

Am letzten Tag steigen Sie auf dem Hüttenweg von der Neuen Heilbronner Hütte (2.320 m) über die Verbellaalpe zurück zum Parkplatz am Alpengasthof Zeinisjoch (1.822 m).

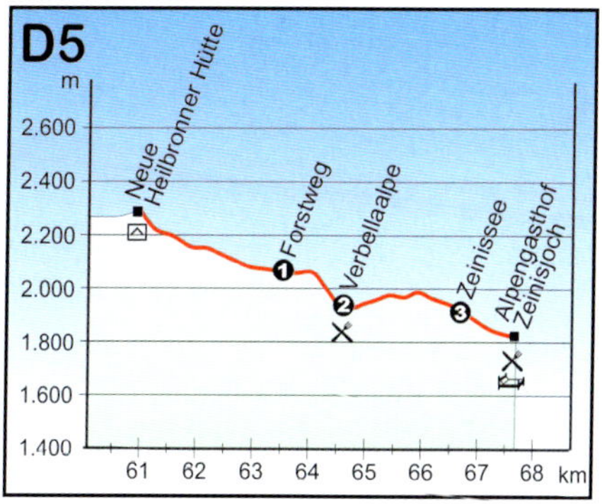

☞ Die detaillierte Wegbeschreibung in entgegengesetzter Richtung und weitere Informationen zum Alpengasthof Zeinisjoch finden Sie unter B1 (S. 81).

E. In fünf Tagen vom Montafon zum Arlberg

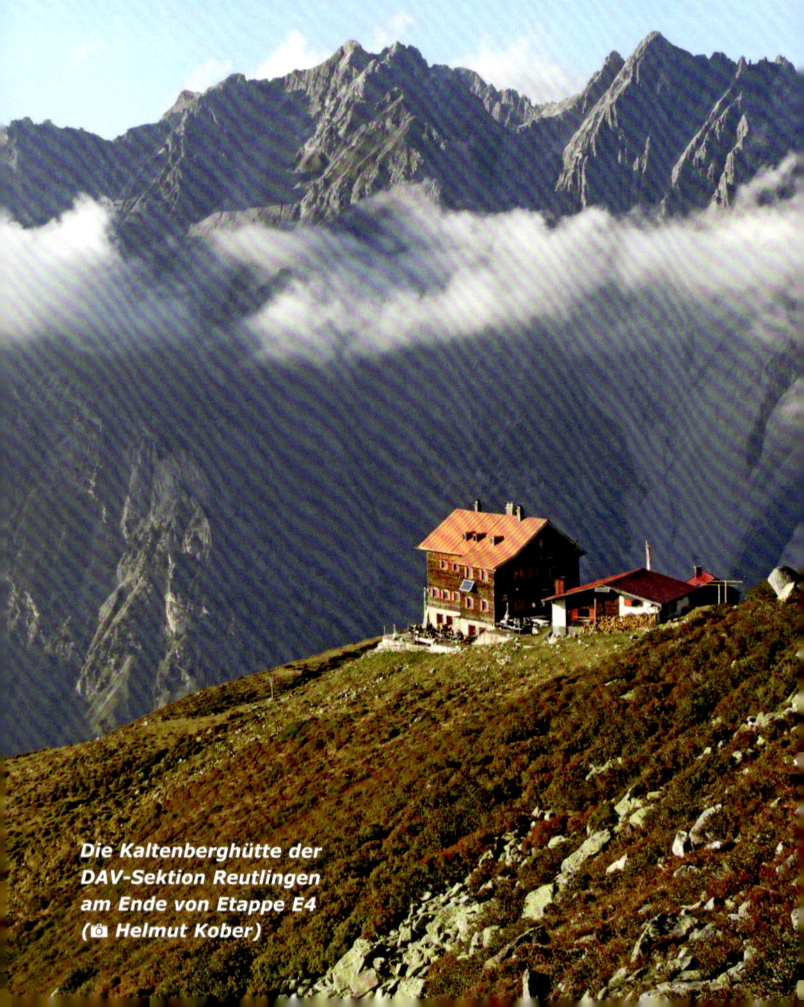

Die Kaltenberghütte der DAV-Sektion Reutlingen am Ende von Etappe E4 (📷 Helmut Kober)

Auf dieser wunderschönen Durchquerung verbinden Sie das Montafon und den Arlberg. Die fünftägige Etappenwanderung verläuft durch die westliche Verwallgruppe und punktet mit großartigen Abschnitten. Sie starten in Schruns und enden in St. Christoph am Arlberg.

☞ Informationen zu Schruns finden Sie unter B2 (S. 83).

E1. Von Schruns im Montafon zur Wormser Hütte

9,5 km, 5 Std.30 Min., ↑ 1.626 m, ↓ 4 m, ⇧ 680-2.307 m

0,0 km	⇧ 680 m	Schruns
4,1 km	⇧ 1.335 m	Gasthaus Kropfen
6,9 km	⇧ 1.850 m	Bergstation der Hochjoch-Bahn
9,5 km	⇧ 2.307 m	Wormser Hütte

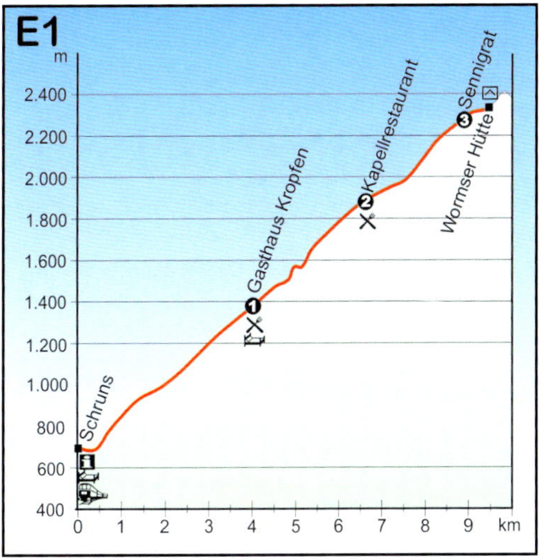

In Schruns (680 m) starten Sie am Bahnhof der Montafonbahn. Sie biegen nach Osten in die Bahnhofstraße ein und folgen dieser, bis sie zum Veltlinerweg wird. An dessen Ende wenden Sie sich nach links in den Professor-Tschohl-Weg. Die nächste Straße nach rechts ist die Silvrettastraße, auf der Sie weitergehen, bis nach links ein Wanderweg

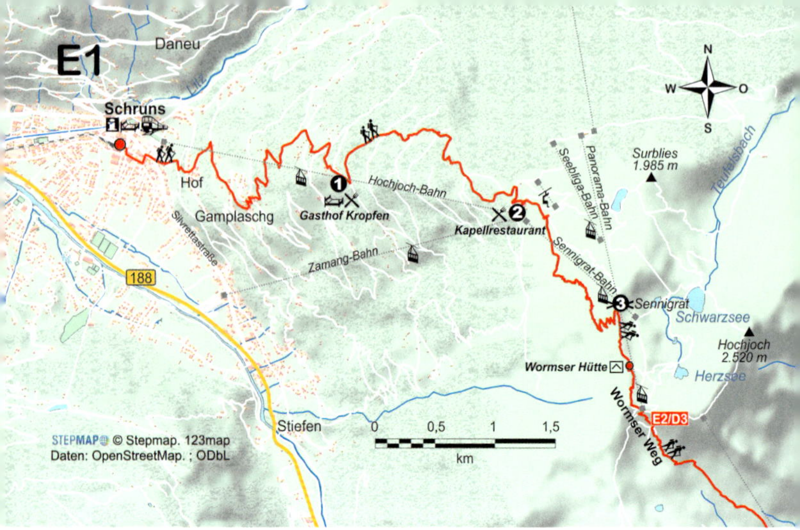

abzweigt. Auf dem Wanderweg steigen Sie bergauf bis zum Gasthof Kropfen (1.335 m) ❶, auf dessen Terrasse Sie sich eine kurze Erfrischung gönnen können.

Gasthof Kropfen, Hüttenwirt Herbert Zwischenbrugger, ☏ +43 55 56/720 65, info@kropfen-hochjoch.at, www.kropfen-joch.at, Anfang Juli-Anfang Okt Do-Mo 9:00-16:30, Übernachtung mit Halbpension € 55 zzgl. € 2,20 für Gästetaxe, Hunde willkommen, jedoch nicht für eine Übernachtung

Allerdings ist es noch weit bis zur Wormser Hütte. Deshalb sollten Sie sich bald wieder auf den Weg machen. Schweißtreibend geht es oft in Sichtnähe zur Seilbahn bergauf. Schließlich erreichen Sie das Kapellrestaurant S'Pfennili und die Bergstation der Hochjoch-Bahn (1.850 m) ❷.

Kapellrestaurant S'Pfennili, ☏ +43 55 57/63 00, Mo-So 8:30-16:30

Sie steigen in Kehren hinauf zum Sennigrat ❸ und spazieren mit herrlicher Sicht hinüber zur Wormser Hütte (2.307 m). Die Etappe kann natürlich auch mit den Seilbahnen von Schruns deutlich verkürzt werden

☞ Weitere Informationen zur Wormser Hütte finden Sie unter B2 (S. 83).

E2. Von der Wormser Hütte über den Wormser Weg zur Neuen Heilbronner Hütte

20,6 km, 10 Std., ↑ 1.143 m, ↓ 1.142 m, ⇧ 1.463-2.396 m, *S. 84 u. 87*

0,0 km	⇧ 2.307 m	Wormser Hütte
2,4 km	⇧ 1.975 m	Furkla
4,4 km	⇧ 2.177 m	Wormser Törl
11,4 km	⇧ 2.251 m	Madererjöchle
18,8 km	⇧ 2.439 m	Valschavieler-Winterjöchle
20,6 km	⇧ 2.320 m	Neue Heilbronner Hütte

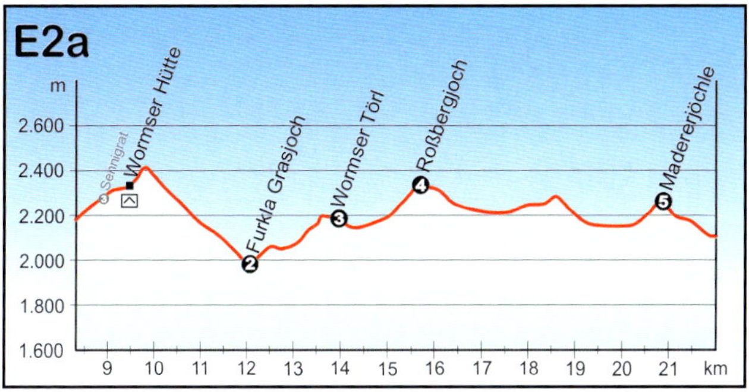

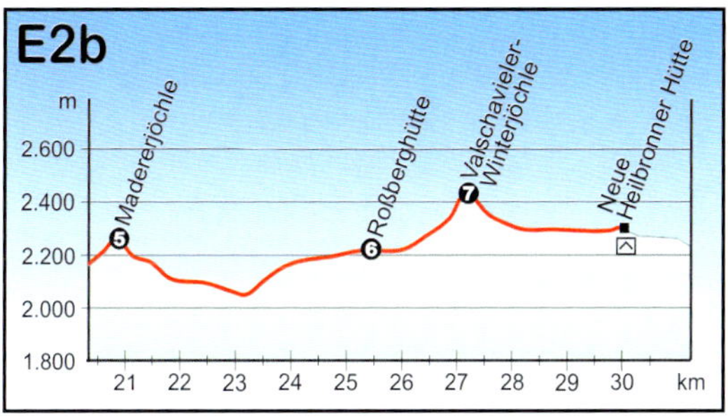

Von der Wormser Hütte (2.307 m) wandern Sie auf dem langen und wunderschönen Wormser Höhenweg bis zur Neuen Heilbronner Hütte (2.320 m).

☞ Die detaillierte Wegbeschreibung finden Sie unter B2 (S. 83).

☞ Weitere Informationen zur Neuen Heilbronner Hütte finden Sie unter A5 (S. 63).

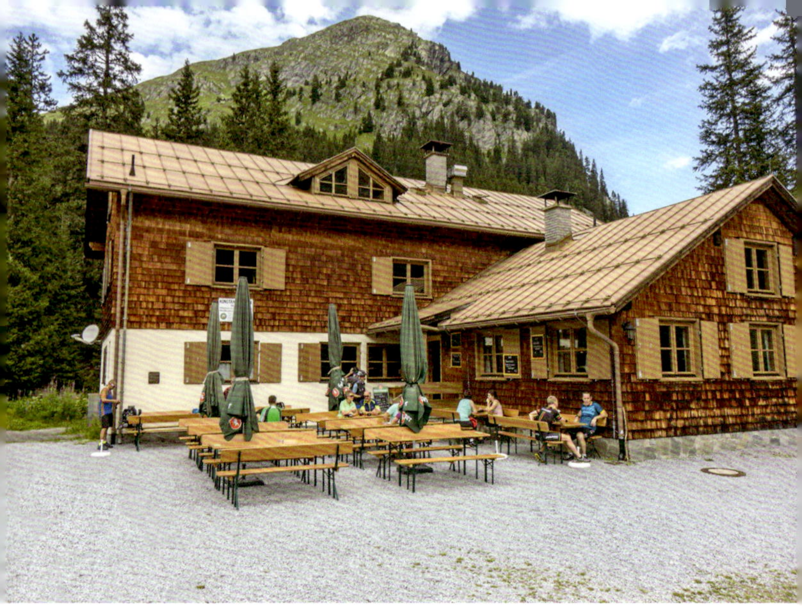

Die Konstanzer Hütte

E3. Von der Heilbronner Hütte über den Bruckmannweg zur Konstanzer Hütte

➲ 11,8 km, ⌛ 4 Std., ↑ 607 m, ↓ 1.219 m, ⇧ 1.688-2.633, 🕮 S. 69

0,0 km	⇧ 2.320 m	Neue Heilbronner Hütte ⌂
5,9 km	⇧ 2.633 m	Wannenjöchli
8,5 km	⇧ 2.000 m	Beim Kugelten Stein
11,8 km	⇧ 1.688 m	Konstanzer Hütte ⌂

Von der ⌂ Neuen Heilbronner Hütte (2.320 m) gehen Sie hinunter ins Ochsental und anschließend hinauf ins Wannenjöchli (2.633 m). Auf der Ostseite steigen Sie hinunter ins Fasultal und wandern auf dem breiten Weg zur ⌂ Konstanzer Hütte (1.688 m).

☞ Die detaillierte Wegbeschreibung und Informationen zur Konstanzer Hütte finden Sie unter A6a (S. 67).

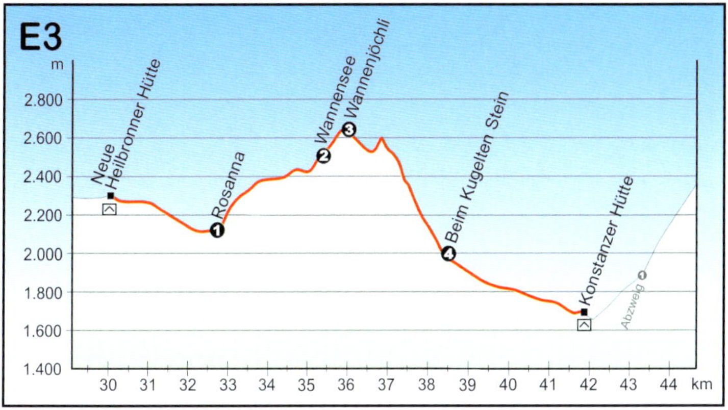

E4. Von der Konstanzer Hütte über den Reutlinger Weg und das Gstansjöchli zur Kaltenberghütte

➲ 9,2 km, ⌛ 6 Std. 30 Min., ↑ 1.220 m, ↓ 805 m, ⇧ 1.688-2.650 m, 📖 S. 74

0,0 km	⇧ 1.688 m	Konstanzer Hütte
3,4 km	⇧ 2.573 m	Gstansjöchli
6,0 km	⇧ 2.650 m	Krachelscharte
9,2 km	⇧ 2.089 m	Kaltenberghütte

Von der Konstanzer Hütte (1.688 m) wandern Sie auf dem Reutlinger Weg zum Gstansjöchli. Durch das Obere Maroital steigen Sie hinauf zur Krachelscharte (2.650 m) und gehen hinunter zur Kaltenberghütte (2.089 m).

☞ Die detaillierte Wegbeschreibung und Informationen zur Kaltenberghütte finden Sie unter A7a (S. 72).

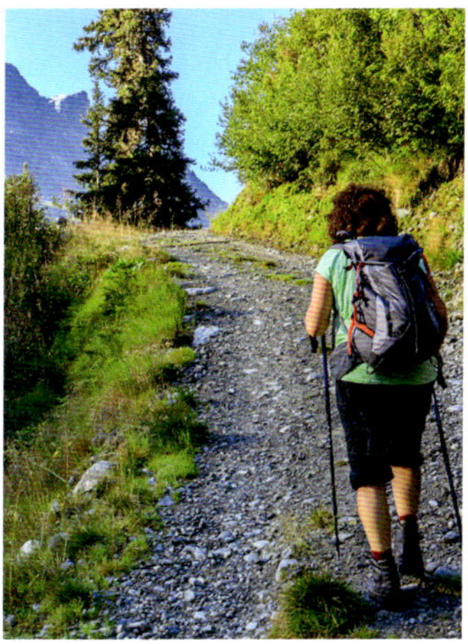

Im Pfluntal - auf dem Weg zur Kaltenberghütte (📷 Helmut Kober)

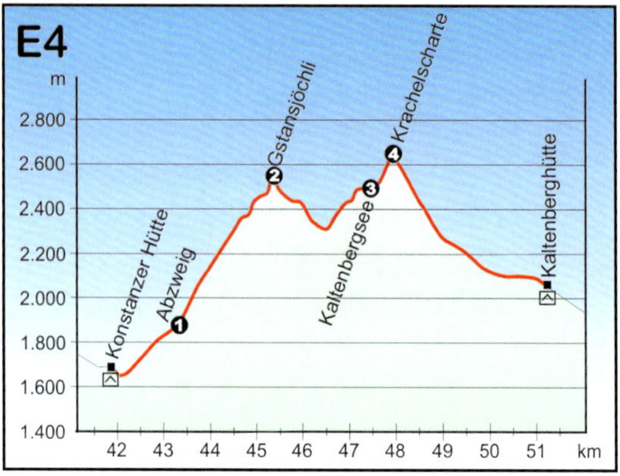

E5. Schlussetappe von der Kaltenberghütte zum Endpunkt in St. Christoph am Arlberg

➲ 6,2 km, ⌛ 2 Std., ↑ 130 m, ↓ 423 m, ⇧ 1.787-2.089 m, 🕮 S. 78

0,0 km	⇧ 2.089 m	Kaltenberghütte
3,9 km	⇧ 1.987 m	Albonaseen
6,2 km	⇧ 1.787 m	St. Christoph am Arlberg

Von der Kaltenberghütte (2.089 m) wandern Sie auf dem Paul-Bantlin-Weg nach St. Christoph am Arlberg (1.787 m).

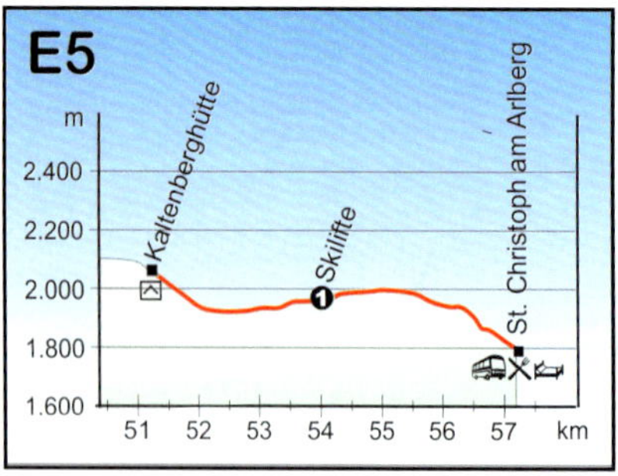

☞ Die detaillierte Wegbeschreibung und Informationen zu St. Christoph am Arlberg finden Sie unter A8a (S. 77).

Eine weitere Abstiegsvariante ist der Berggeistweg. ☞ Die detaillierte Wegbeschreibung und weitere Informationen zur Kaltenberghütte finden Sie unter A8b (S. 78).

Verlängerte Wochenenden im Verwall
F. Durch das östliche Verwall

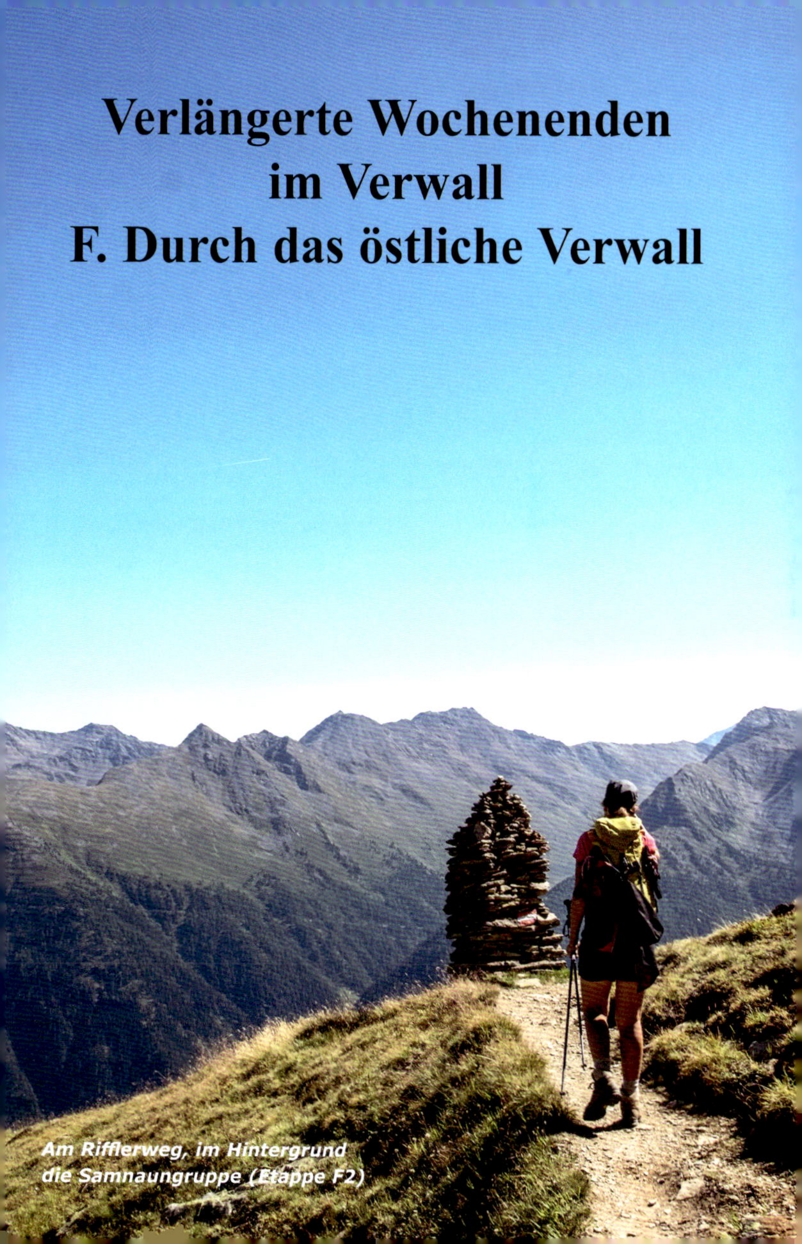

Am Rifflerweg, im Hintergrund die Samnaungruppe (Etappe F2)

Haben Sie einmal keine Woche für eine Mehrtagestour Zeit, so bietet sich das Verwall auch für einen Kurzausflug an. Zumindest, wenn Sie nicht allzu weit von den Alpen entfernt wohnen.

Auf dieser Kurzdurchquerung können Sie an einem Wochenende das östliche Verwall kennenlernen. Dazu starten Sie in Pettneu und wandern über die Edmund-Graf-Hütte zur Niederelbehütte. Zurück geht es über den schönen Sepp-Jöchler-Weg zum Stausee im Moostal. Das lange Moostal spazieren Sie hinunter nach St. Anton am Arlberg.

☞ Weitere Informationen zur Pettneu finden Sie unter A1 (S. 39).

F1. Von Pettneu zur Edmund-Graf-Hütte

➲ 7,4 km, ⧗ 3 Std. 30 Min., ↑ 1.188 m, ↓ 3 m, ⇧ 1.190-2.408 m, 🕮 S. 41

0,0 km	⇧ 1.222 m	Pettneu am Arlberg
4,2 km	⇧ 1.687 m	Vordere Malfonalpe
4,9 km	⇧ 1.760 m	Abzweig Hüttenweg
7,4 km	⇧ 2.408 m	Edmund-Graf-Hütte

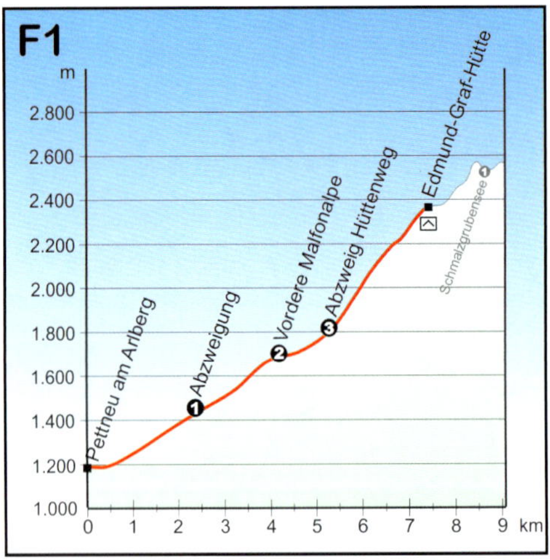

Von Pettneu am Arlberg (1.222 m) wandern Sie am ersten Tag auf die Edmund-Graf-Hütte (2.408 m).

☞ Die detaillierte Wegbeschreibung und Informationen zur Edmund-Graf-Hütte finden Sie unter A1 (S. 39).

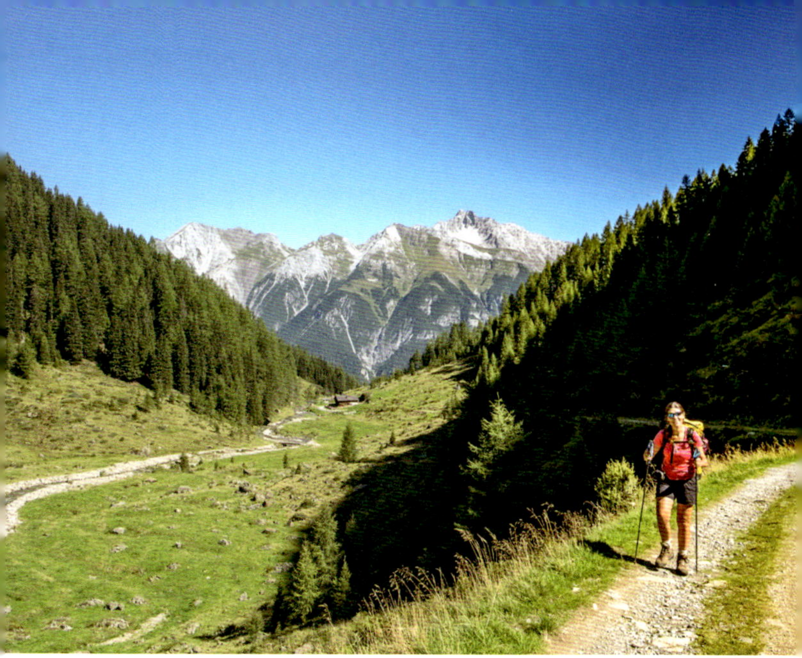

Im Malfontal, etwas oberhalb der Vorderen Malfonalpe

F2. Von der Edmund-Graf-Hütte zur Niederelbehütte

9 km, 5 Std., ↑ 526 m, ↓ 529 m, ⇧ 2.160-2.697 m, *S. 45*

0,0 km	⇧ 2.408 m	Edmund-Graf-Hütte
1,3 km	⇧ 2.558 m	Schmalzgrubensee
2,2 km	⇧ 2.697 m	Schmalzgrubenscharte
3,6 km	⇧ 2.369 m	Wegteilung am Kieler Weg
9,0 km	⇧ 2.318 m	Niederelbehütte

Von der Edmund-Graf-Hütte (2.408 m) wandern Sie über die Schmalzgrubenscharte zur Niederelbehütte (2.369 m).

☞ Die detaillierte Wegbeschreibung und Informationen zur Niederelbehütte finden Sie unter A2 (S. 44).

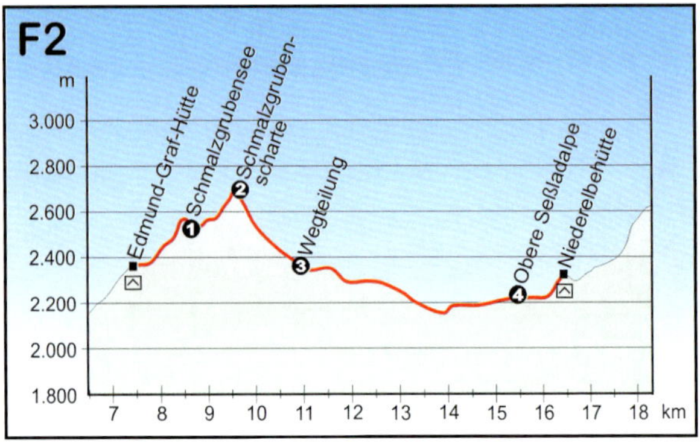

F3. Schlussetappe von der Niederelbehütte nach St. Anton am Arlberg

13 km, 4 Std., 440 m, 1.455 m, 1.296-2.749 m

0,0 km	2.318 m	Niederelbehütte
2,2 km	2.749 m	Seßladjöchli
5,2 km	2.025 m	Speichersee Kartell
13,0 km	1.296 m	Bahnhof St. Anton am Arlberg

Von der Niederelbehütte (2.318 m) wandern Sie hinauf zum Seßladjöchli ❶ und auf markiertem Steig hinunter zum Speichersee Kartell (2.025 m) im Moostal ❷.

Die detaillierte Wegbeschreibung bis zum Speichersee Kartell finden Sie unter A3a (S. 48).

Am Speichersee Kartell biegen Sie nicht nach links zur Darmstädter Hütte ab, sondern nach rechts. Sie wandern am breiten Forstweg das schöne Moostal hindurch. Dabei kommen Sie an Einkehrmöglichkeiten vorbei. An der Alpe Rossfall ❸ erwartet Sie eine kleine Terrasse. Auch können Sie hier Produkte der Alpe – Käse und Butter – konsumieren, aber auch erwerben.

✕ Alpe Rossfall, Robert Seethaler, ☏ +43 664/131 25 28, ✉ info@alpe-rossfall.at, 💻 www.alpe-rossfall.at, 🚪 im Sommer bewirtschaftet

Noch ein Stück weiter kommen Sie zur einer Wegverzweigung. Hier geht es nach links zur leider am Nachmittag etwas schattig gelegenen ✕ Tritschalpe ❹, auf der Sie ebenfalls einkehren können.

✕ Tritschalpe, Manuel Zangerl und Bernhard Salfenauer, ☏ +43 664/798 15 17, 🚪 im Sommer bewirtschaftet

Der Schotterweg führt weiter talauswärts, ignoriert dabei den Abzweig zur Rendlbahn und bringt Sie zu einer Teilung der Straße. Sie gehen weiter geradeaus,

Am Weg zum Seßladjöchli mit Blick auf die Niederelbehütte (📷 Sebastian Friedlein)

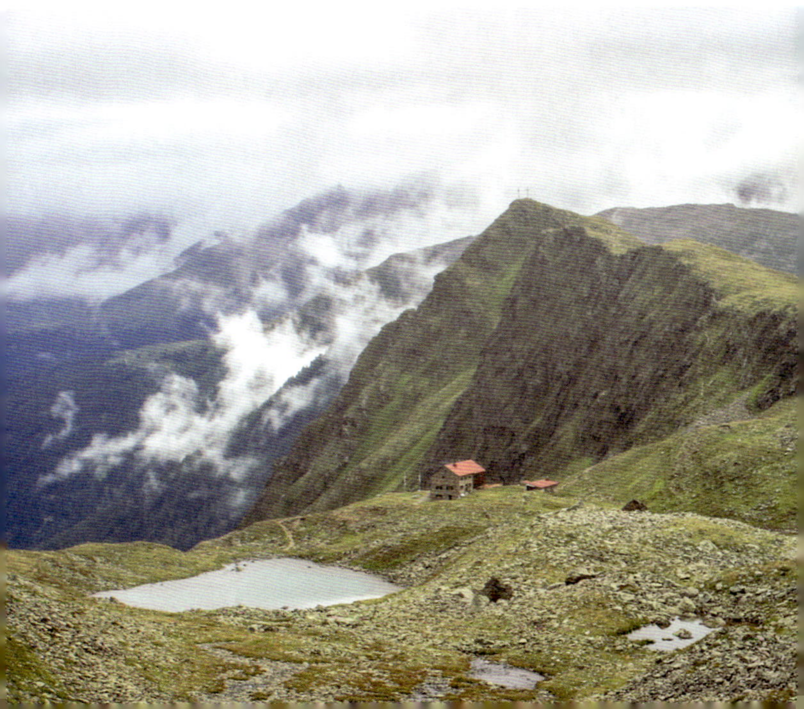

bis Sie zu einer weiteren Wegteilung gelangen. Hier biegen Sie nach links auf einen Wanderweg ab, der Sie nach St. Anton am Arlberg bringt.

Zuletzt biegen Sie nach rechts in die Arlbergstraße ein und gehen vorsichtig auf ihr bis zum Kreisverkehr. Die erste Ausfahrt bringt Sie direkt zum Bahnhof in St. Anton am Arlberg (1.296 m).

St. Anton am Arlberg ⇧ 1.296,

Hotel Nassereinerhof, Nassereinerstr. 1, 6580 St. Anton am Arlberg, ☏ +43 54 46/33 66, office@nassereinerhof.at, www.nassereinerhof.at, ÜF ab € 56 p. P.

♦ Hotel Alpenhof, Arlbergstr. 7, 6580 St. Anton am Arlberg, ☏ +43 54 46/24 95, info@alpenhof-stanton.at, www.alpenhof-stanton.at, HP ab € 40 p. P.

♦ Hotel Montfort, Dorfstr. 57, 6580 St. Anton am Arlberg, ☏ +43 54 46/23 10, welcome@hotelmontfort.com, www.hotel-montfort.com, ÜF ab € 82 p. Z.

Sonnbichl Stube, St. Jakober Dorfstr. 11, 6580 St. Anton am Arlberg, ☏ +43 54 46/33 33 10, hotel@dassonnbichl.at, www.sonnbichl.at, tgl. ab 17:00

♦ Restaurant Maximilian, Dorfstr. 57, 6580 St. Anton am Arlberg, ☏ +43 54 46/22 43, www.maximilian-stanton.com, tgl. ab 18:30

St. Anton hat einen Bahnhof mit Zugverbindung von Innsbruck.

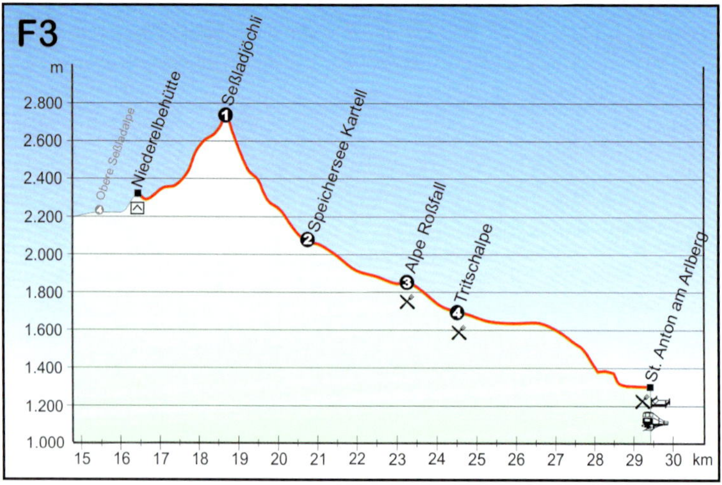

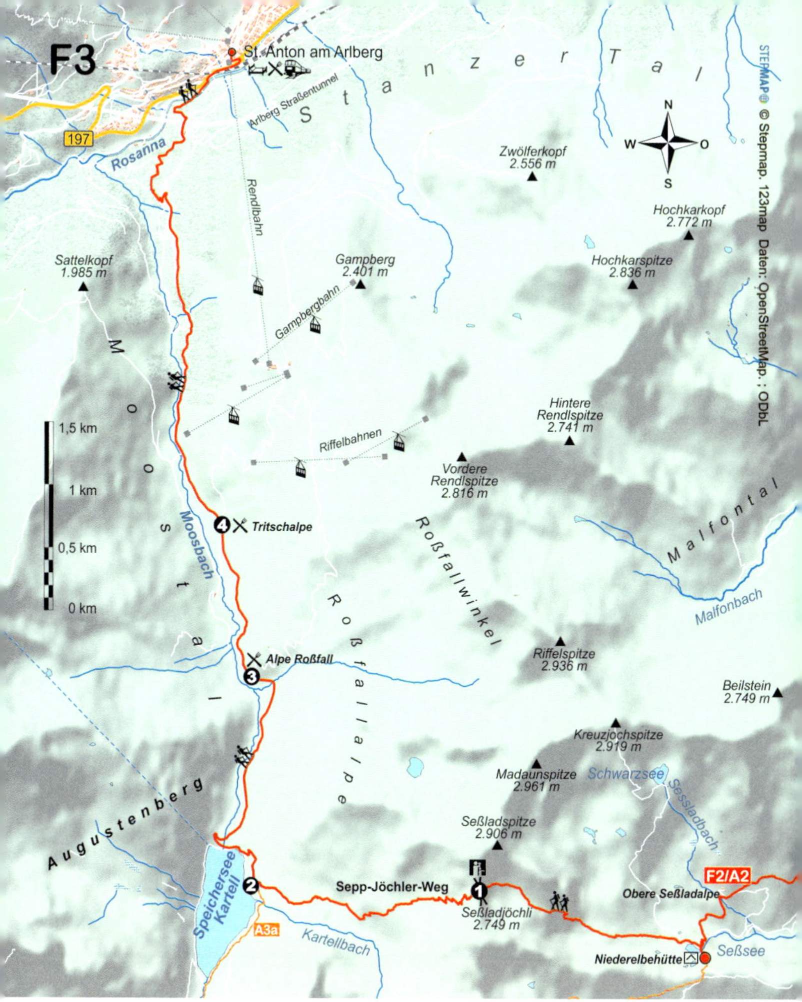

Die Variante über den Hoppe-Seyler-Weg zur Darmstädter Hütte (siehe Beschreibung unter A3b, S. 51) würde dann fast nach einer weiteren Übernachtung auf der Darmstädter Hütte verlangen, bevor Sie das Moostal hinab zum Bahnhof in St. Anton am Arlberg absteigen. Ansonsten würden Ihnen fast 20 km und über 2.100 Höhenmeter im Abstieg bevorstehen.

Verlängerte Wochenenden im Verwall
G. Durch das westliche Verwall

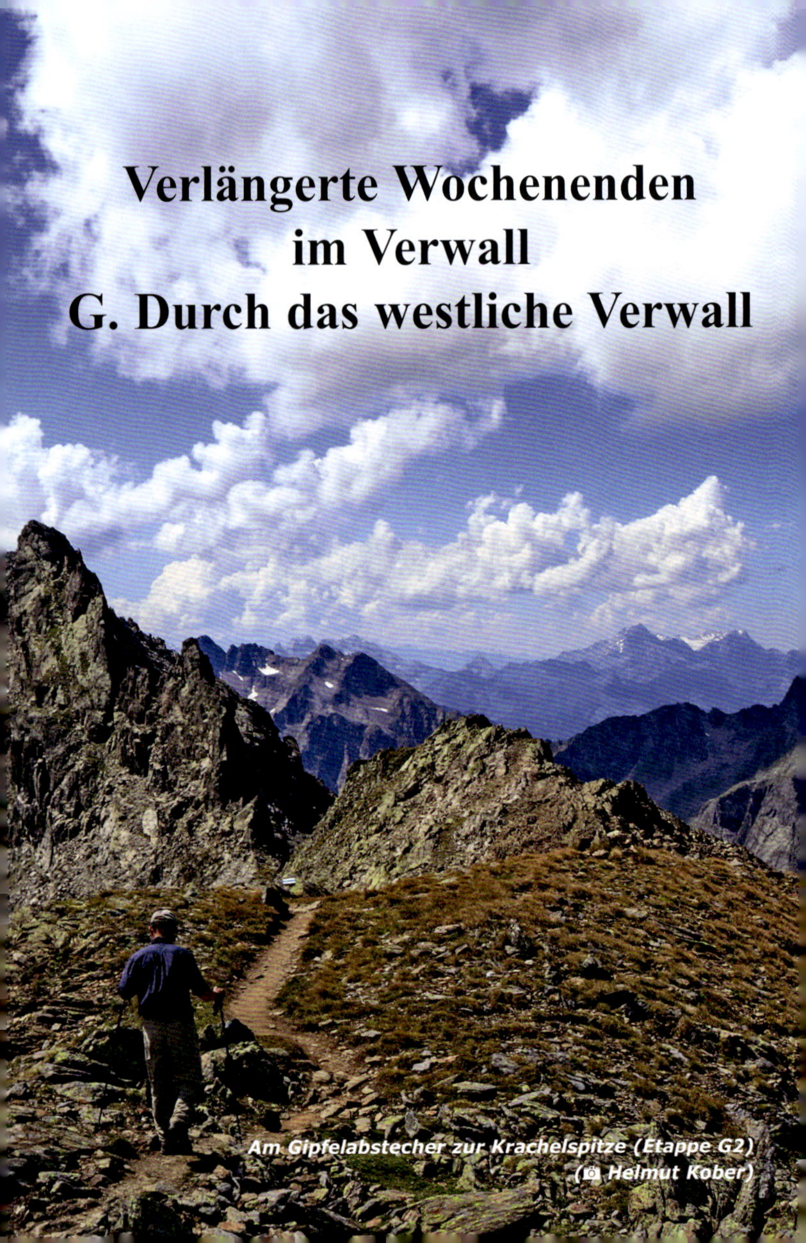

Am Gipfelabstecher zur Krachelspitze (Etappe G2)
(📷 Helmut Kober)

Eine nette und kurze Rundtour führt durch das westliche Verwall. Die mittlere Etappe über das Gstansjöchli ist relativ lang. Ansonsten handelt es sich eher um eine reine Genusstour.

G1. Von St. Anton am Arlberg zur Konstanzer Hütte

➲ *4,3 km,* ⌛ *1 Std. 30 Min.,* ↑ *242 m,* ↓ *40 m,* ⇧ *1.489-1.688 m*

0,0 km	⇧ 1.489 m	Salzhütte 🚌
4,3 km	⇧ 1.688 m	Konstanzer Hütte ⌂

Mit dem 🚌 Bus (Linie 6) fahren Sie von St. Anton am Arlberg durch das Verwalltal zur letzten Haltestelle Salzhütte (1.489 m). Auf dem breiten Fahrweg

Unterhalb der Konstanzer Hütte, im Hintergrund der Patteriol

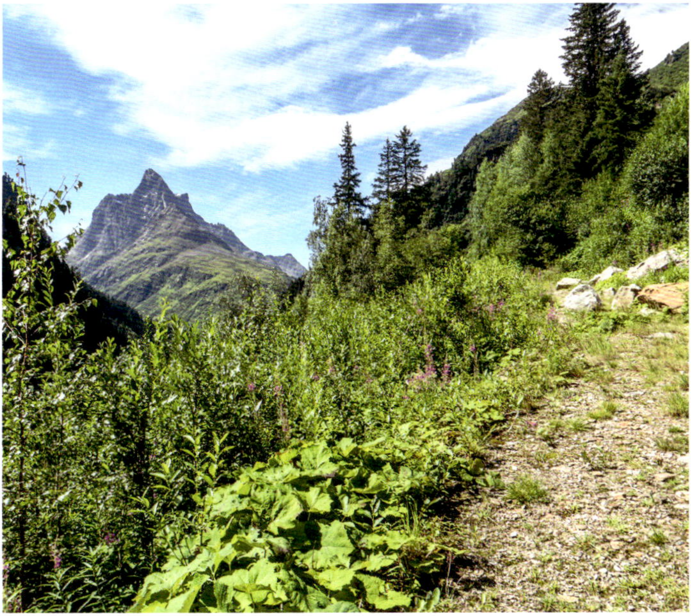

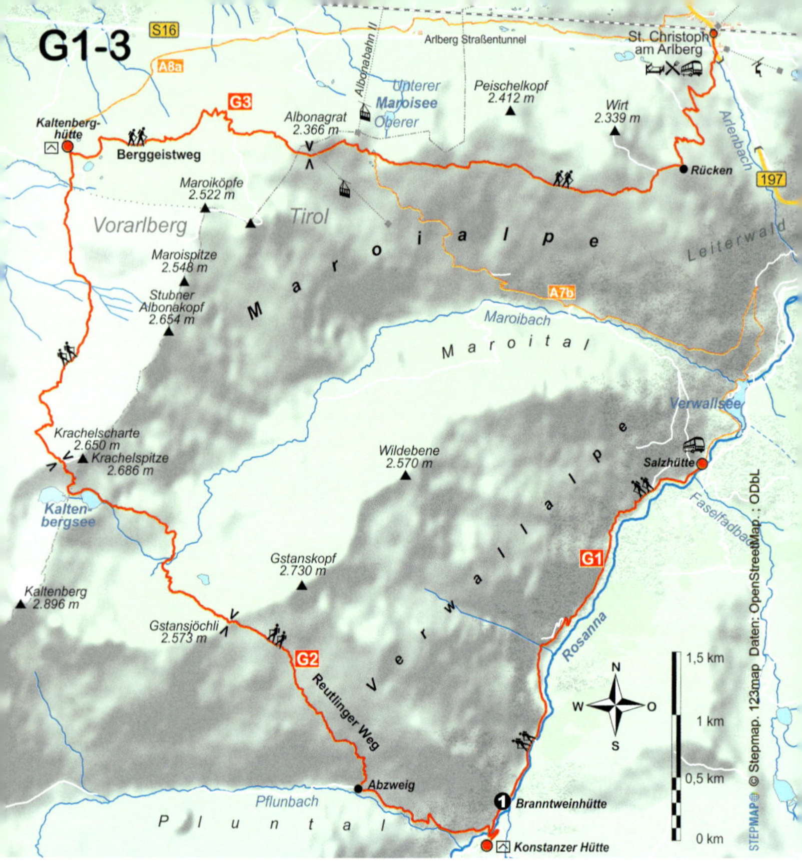

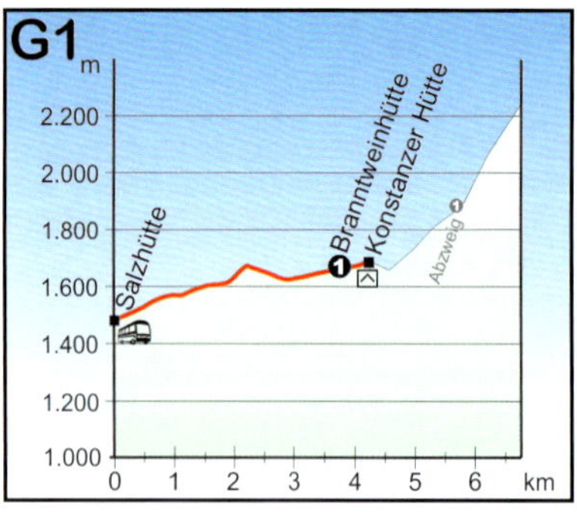

wandern Sie taleinwärts zur Brantweinhütte ❶. Wenig später überqueren Sie die Rosanna und gehen hinauf zur schön gelegenen Konstanzer Hütte (1.688 m).

☞ Informationen zur Konstanzer Hütte finden Sie unter A6a (S. 67).

G2. Über den Reutlinger Weg zur Kaltenberghütte

➲ *9,2 km,* ⌛ *6 Std. 30 Min.,* ↑ *1.220 m,* ↓ *805 m,* ⇧ *1.688-2.650 m,* 📖 *links*

0,0 km	⇧ 1.688 m	Konstanzer Hütte ⌂
3,4 km	⇧ 2.573 m	Gstansjöchli
6,0 km	⇧ 2.650 m	Krachelscharte
9,2 km	⇧ 2.089 m	Kaltenberghütte ⌂

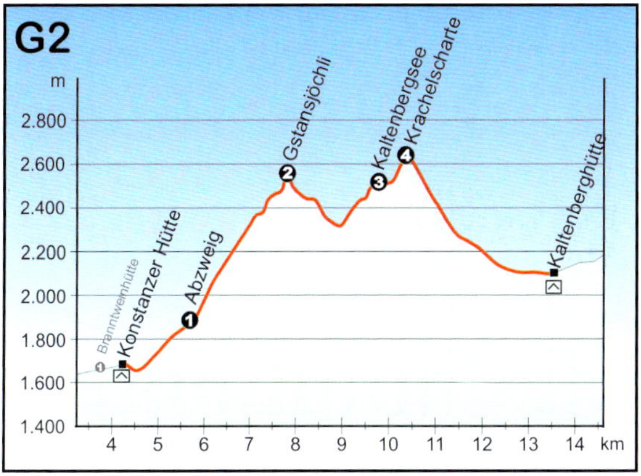

Von der ⌂ Konstanzer Hütte (1.688 m) wandern Sie ins Pfluntal und weiter zum Gstansjöchli (2.573 m). Über das Obere Maroital und am Kaltenbergsee entlang steigen Sie in die Krachelscharte. Nun gehen Sie hinunter zur aussichtsreich gelegenen ⌂ Kaltenberghütte (2.089 m).

☺ Von der Krachelscharte können Sie noch einen Abstecher zur nahen Krachelspitze (2.686 m) machen.

☞ Die detaillierte Wegbeschreibung und Informationen zur Kaltenberghütte finden Sie unter A7a (S. 72).

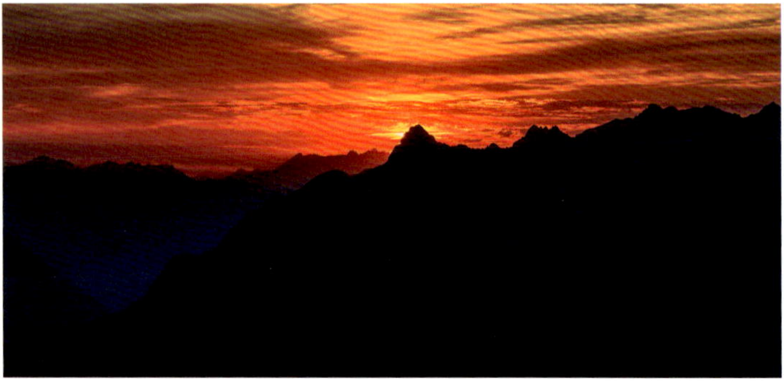

Sonnenuntergang an der Kaltenberghütte (Helmut Kober)

G3. Über den Berggeistweg nach St. Christoph

7,9 km, 4 Std., ↑ 331 m, ↓ 653 m, ⇧ 1.787-2.366 m, *S. 118*

0,0 km	⇧ 2.089 m	Kaltenberghütte
2,3 km	⇧ 2.366 m	Station Albonagrat
7,9 km	⇧ 1.787 m	St. Christoph am Arlberg

Am letzten Tag gehen Sie gemütlich über den schönen Berggeistweg von der Kaltenberghütte (2.089 m) nach St. Christoph (1.787 m) und fahren mit dem Bus zurück nach St. Anton am Arlberg.

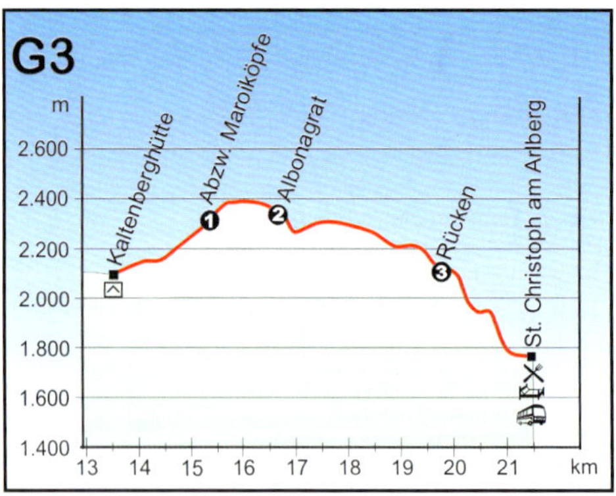

☞ Die detaillierte Wegbeschreibung finden Sie unter A8b (S. 78).

☞ Informationen zur St. Christoph am Arlberg finden Sie unter A8a (S. 77).

Verlängerte Wochenenden im Verwall
H. Durch das südliche Verwall

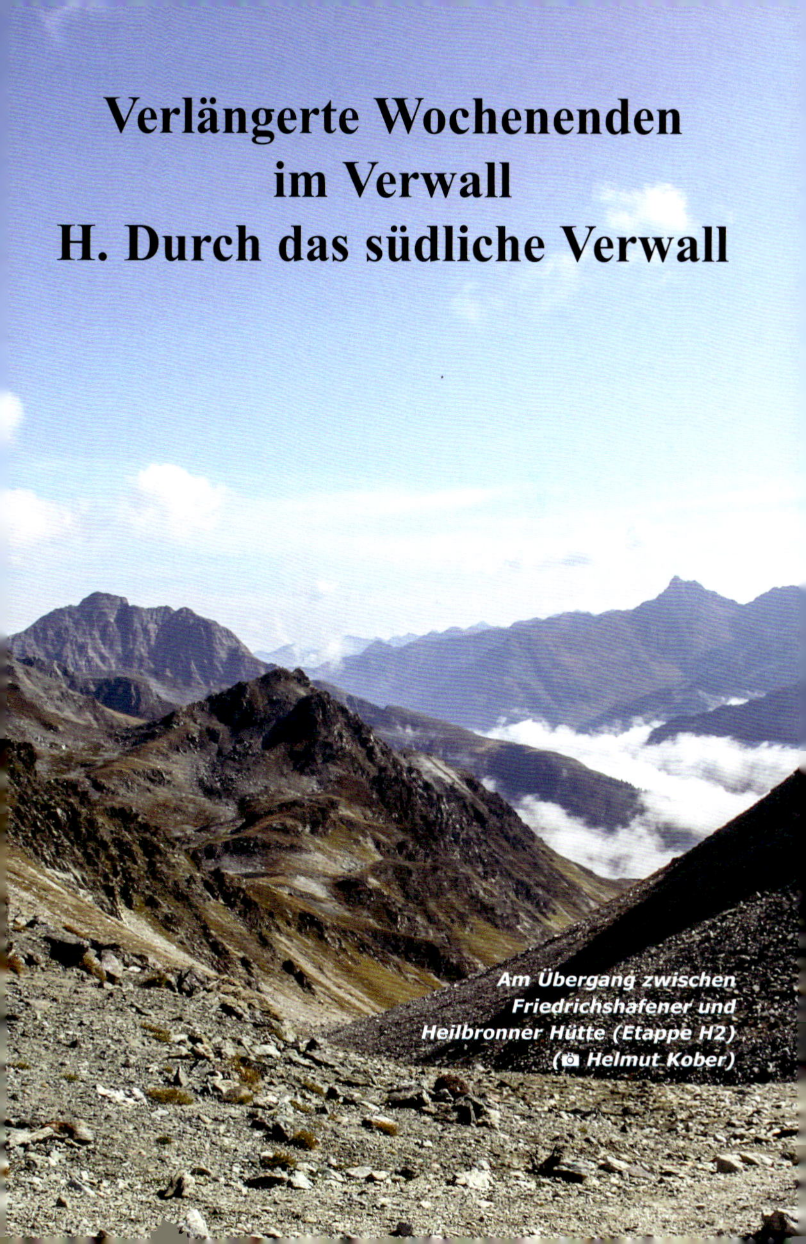

Am Übergang zwischen Friedrichshafener und Heilbronner Hütte (Etappe H2) (📷 Helmut Kober)

Auch eher gemütlich ist die Rundtour durch das südliche Verwall, hoch über dem Paznauntal.

H1. Vom Zeinisjoch zur Neuen Heilbronner Hütte

6,7 km, 2 Std. 30 Min., ↑ 519 m, ↓ 60 m, ⇧ 1.822-2.320 m, *S. 82*

0,0 km	⇧ 1.822 m	Alpengasthof Zeinisjoch
3,1 km	⇧ 1.938 m	Verbellaalpe
6,7 km	⇧ 2.320 m	Neue Heilbronner Hütte

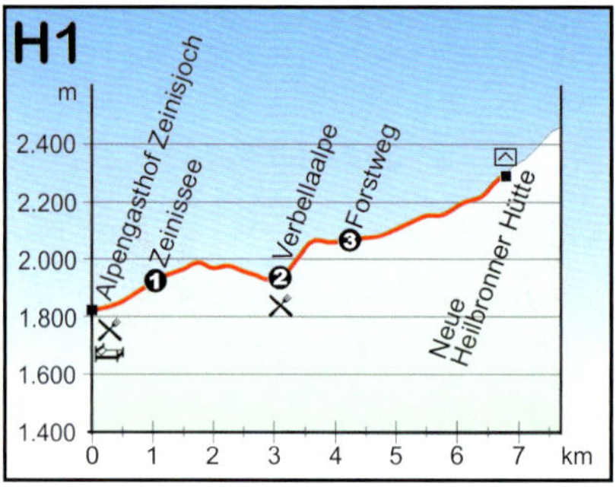

Am ersten Tag wandern Sie vom Alpengasthof Zeinisjoch (1.822 m) über die Verbellaalpe zur Neuen Heilbronner Hütte (2.320 m).

Die detaillierte Wegbeschreibung finden Sie unter B1 (S. 81).

Weitere Informationen zur Neuen Heilbronner Hütte finden Sie unter A5 (S. 63).

H2. Über den Friedrichshafener Weg zur Friedrichshafener Hütte

7,3 km, 3 Std. 30 Min., ↑ 481 m, ↓ 648 m, ⇧ 2.138-2.639 m, *S. 64*

0,0 km	⇧ 2.320 m	Neue Heilbronner Hütte
4,2 km	⇧ 2.620 m	Muttenjoch
7,3 km	⇧ 2.138 m	Friedrichshafener Hütte

Von der Neuen Heilbronner Hütte (2.320 m) wandern Sie zum Muttenjoch und weiter zur schön gelegenen Friedrichshafener Hütte (2.138 m).

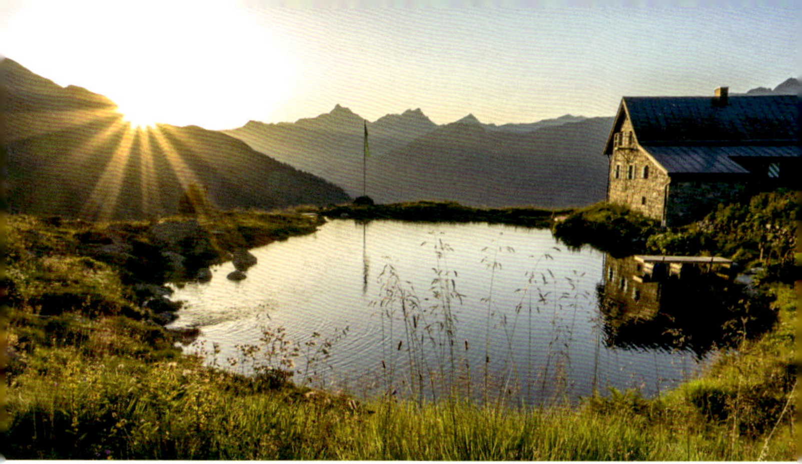

Die Friedrichshafener Hütte

☺ Unterwegs können Sie noch einen lohnenden Abstecher zur Gaisspitze (2.779 m) unternehmen.

☞ Die detaillierte Wegbeschreibung finden Sie unter A5 (S. 63) – in entgegengesetzter Richtung.

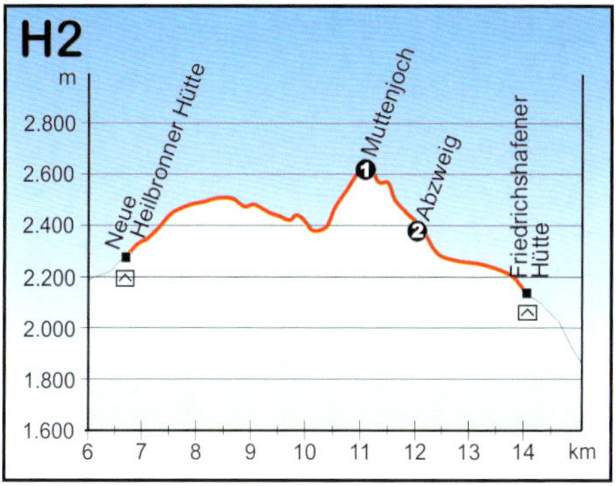

H3. Abstieg nach Mathon

3,2 km, 1 Std. 30 Min., ↑ 0 m, ↓ 673 m, ⇧ 1.455-2.138 m

0,0 km	⇧ 2.138 m	Friedrichshafener Hütte
3,2 km	⇧ 1.455 m	Mathon

Am letzten Tag steigen Sie auf gemütlichem Weg von der Friedrichshafener Hütte nach Mathon ab.

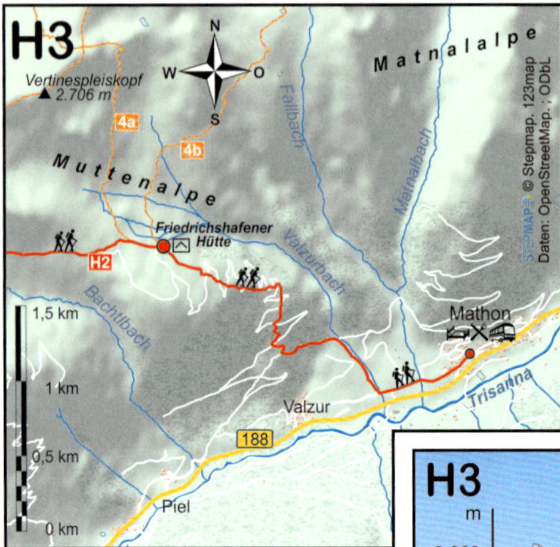

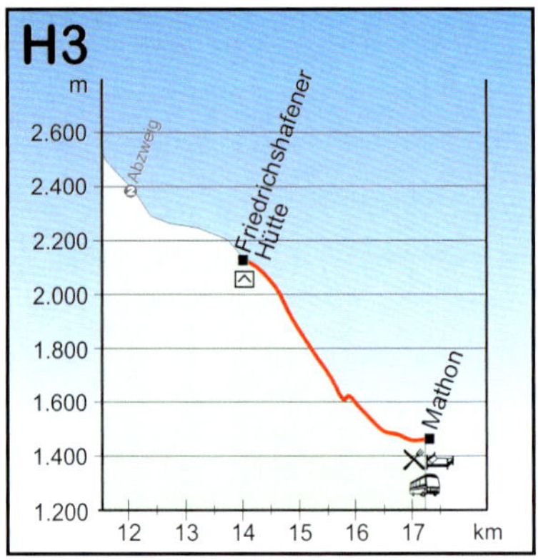

☺ Wenn das Wetter gut ist, lohnt es sich, zumindest noch einen Teilabschnitt des Georg-Prasser-Weges vor dem Abstieg einzubauen.

☞ Die Details zu dieser Variante finden Sie auf S. 65.

Mathon ⇧ 1.455 m, 🛏 ✕ 🚌

🛏 Der Glöckner, Dorf 82, 6562 Mathon, ☏ +43 54 44/51 67, ✉ gloeckner@huber-hotels.at, 💻 www.huber-hotels.at/de/die-huber-hotels/residenzgasthof-gloeckner/der-gloeckner, ab € 55 p. P.

♦ Hotel Belavita, Silvrettastraße 91, 6562 Mathon, ☏ +43 54 44/54 84, ✉ hotel@belavita.at, 💻 www.belavita.at, HP ab € 55 p. P.

✕ Pizzeria im Hotel Föhre, Mathoner Straße 58, 6562 Mathon, ☏ +43 54 44/51 66, ✉ hotel@foehre.at, 💻 www.foehre.at, 🚪 Di-So 11:30-13:30 und 17:30-20:30

🚌 Bushaltestellen Ischgl Mathon Ost und Ischgl Mathon West, Linie 260 nach Landeck, von dort mit dem Zug nach Innsbruck

Index

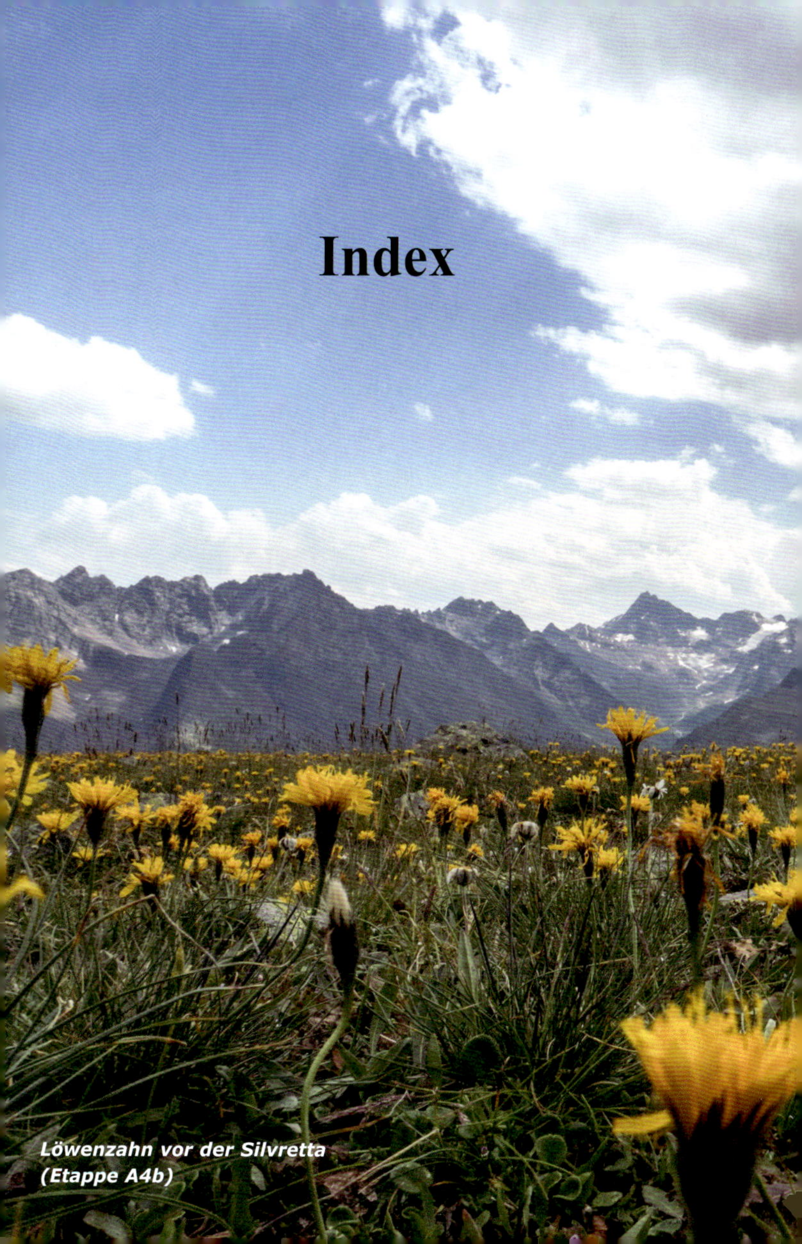

Löwenzahn vor der Silvretta (Etappe A4b)